—— 乡村振兴特色优势产业培育工程

中国葡萄酒产业
发展蓝皮书

（2024）

中国乡村发展志愿服务促进会　组织编写

中国出版集团有限公司
研究出版社

图书在版编目 (CIP) 数据

中国葡萄酒产业发展蓝皮书 . 2024 / 中国乡村发展
志愿服务促进会组织编写 . — 北京：研究出版社，
2025．7. — ISBN 978-7-5199-1899-6

Ⅰ. F426.82

中国国家版本馆 CIP 数据核字第 2025G2U283 号

出 品 人：陈建军
出版统筹：丁　波
责任编辑：韩　笑

中国葡萄酒产业发展蓝皮书（2024）

ZHONGGUO PUTAOJIU CHANYE FAZHAN LANPI SHU (2024)

中国乡村发展志愿服务促进会　组织编写

研究出版社 出版发行

（100006　北京市东城区灯市口大街 100 号华腾商务楼）

北京建宏印刷有限公司印刷　新华书店经销

2025 年 7 月第 1 版　2025 年 7 月第 1 次印刷

开本：710 毫米 ×1000 毫米　1/16　印张：13.5

字数：213 千字

ISBN 978-7-5199-1899-6　定价：52.00 元

电话（010）64217619　64217652（发行部）

乡村振兴特色优势产业培育工程丛书
编委会

本书编写人员

主　　编：李　华

副 主 编：杨和财　刘　旭　张军翔　李记明

编写人员：（按姓氏笔画排序）

丁银霆　王　华　王玟迪　卢　柯　阮仕立

李　静　李泽福　汪　蕾　张　波　张建生

邵学东　林　梢　房玉林　党国芳　高　飞

陶永胜　穆海彬

本书评审专家
（按姓氏笔画排序）

王瑞元　李金花　李俊雅　李聚桢　吴燕民

张忠涛　陈昭辉　赵世华　饶国栋　聂　莹

裴　东　谭　斌　薛雅琳

编写说明

    习近平总书记十分关心乡村特色产业的发展，作出一系列重要指示。2022年10月，习近平总书记在党的二十大报告中指出："发展乡村特色产业，拓宽农民增收致富渠道。巩固拓展脱贫攻坚成果，增强脱贫地区和脱贫群众内生发展动力。"同月，习近平总书记在陕西考察时强调，产业振兴是乡村振兴的重中之重，要坚持精准发力，立足特色资源，关注市场需求，发展优势产业，促进一二三产业融合发展，更多更好惠及农村农民。2023年4月，习近平总书记在广东考察时要求，发展特色产业是实现乡村振兴的一条重要途径，要着力做好"土特产"文章，以产业振兴促进乡村全面振兴。2024年4月，习近平总书记在重庆主持召开的新时代推动西部大开发座谈会上强调，要坚持把发展特色优势产业作为主攻方向，因地制宜发展新兴产业，加快西部地区产业转型升级。

    为贯彻落实习近平总书记的重要指示和党的二十大精神，紧密围绕"国之大者"，按照确保重要农产品供给和树立大食物观的要求，中国乡村发展志愿服务促进会认真总结脱贫攻坚期间产业扶贫经验，启动实施"乡村特色优势产业培育工程"，选择油茶、油橄榄、核桃、杂交构树、酿酒葡萄，青藏高原青稞、牦牛，新疆南疆核桃、红枣9个特色优势产业进行重点培育。这9个产业，都事关国计民生，经过多年的努力特别是脱贫攻坚期间的工作，具备了加快发展的基础和条件，不失时机地促进实现高质量发展，不仅是必要的，而且是可行的。中国乡村发展志愿服务促进会动员和聚合社会力量，促进发展木本油料，向山地要油料，加快补齐粮棉油中"油"的短板，是国之大者。促进发展核桃、

1

杂交构树等，向植物要蛋白，加快补齐肉蛋奶中"奶"的短板，是国之大者。促进发展青藏高原青稞、牦牛和新疆南疆核桃、红枣，促进发展西北地区葡萄酒产业，是脱贫地区巩固拓展脱贫攻坚成果和实现乡村产业振兴的需要，也是实现农民特别是脱贫群众增收的重要措施。通过培育重点企业、强化科技支撑、扩大市场销售、对接金融资源、发布蓝皮书等工作，努力实现产业发展、农民增收、企业盈利、消费者受益的目标。

发布蓝皮书是培育工程的一项重要内容，也是一项新的工作。旨在普及产业知识，记录产业发展轨迹，反映产业状况，推广良种良法，介绍全产业链开发的经验做法，对产业发展进行预测、展望，营造产业发展的社会氛围，加快实现高质量发展。从2023年开始，我们连续编写出版了9个产业发展的蓝皮书，受到社会欢迎和好评。

2025年的编写工作中，编委会先后召开编写提纲讨论会、编写调度会、专家评审会等一系列重要会议。经过半年多的努力，丛书成功付梓面世。丛书的编写与出版，得到了各方的大力支持。在此，我们诚挚感谢所有参加蓝皮书编写的人员及支持单位，感谢评审专家，感谢出版社及各位编辑，感谢三峡集团公益基金会的支持。尽管已是第三年编写，但由于对9个特色产业发展的最新数据掌握不够全面，加之能力有限，书中难免存在疏漏谬误，欢迎广大读者批评指正。

下一步，我们将深入贯彻习近平总书记关于发展乡村特色产业的重要指示精神，密切跟踪9个特色产业的发展情况，加强编写工作统筹，进一步提升编写质量，力求把本丛书编写得更好，为乡村特色优势产业的发展贡献力量，助力乡村全面振兴。

丛书编委会

2025年5月

代　序

乡村振兴特色优势产业培育工程实施方案

中国乡村发展志愿服务促进会

2022年7月11日

民族要复兴，乡村必振兴。脱贫攻坚任务胜利完成以后，"三农"工作重心历史性转到全面推进乡村振兴。为贯彻落实习近平总书记关于粮食安全的重要指示精神，落实《国家乡村振兴局 民政部关于印发〈社会组织助力乡村振兴专项行动方案〉的通知》（国乡振发〔2022〕5号）要求，中国乡村发展志愿服务促进会（以下简称促进会）认真总结脱贫攻坚期间产业扶贫经验，选择油茶、油橄榄、核桃、酿酒葡萄、杂交构树，青藏高原青稞、牦牛，新疆南疆核桃、红枣9个特色优势产业进行重点培育，编制《乡村振兴特色优势产业培育工程实施方案》（以下简称《实施方案》）。

一、总体要求

（一）指导思想

以习近平新时代中国特色社会主义思想为指导，全面贯彻习近平总书记关于"三农"工作的重要论述，立足新发展阶段，贯彻新发展理念，构建新发展格局，落实高质量发展要求。按照乡村要振兴、产业必先行的理念，坚持"大食物观"，立足不与粮争地，坚守18亿亩耕地红线，本着向山地要油料、向构树要蛋白的思路，加快补齐粮棉油中"油"的短板、肉蛋奶中"奶"的短板，持续推进乡村振兴特色优势产业培育工程。立足帮助优质农产品出村进城，不断丰富市民的"米袋子""菜篮子""果盘子""油瓶子"，鼓起脱贫地区人民群众的"钱袋子"。立足推动农业高质高效、乡村宜居宜业、农民富裕富足，为全面推进乡村振兴、加快农业农村现代化提供有力支撑。

（二）基本原则

——坚持政策引导，龙头带动。以政策支持为前提，积极为产业发展和参与企业争取政策支持。尊重市场规律，发挥市场主体作用，择优扶持龙头企业做大做强，充分发挥龙头企业的示范带动作用。

——坚持突出重点，分类实施。突出深度脱贫地区，遴选基础条件好、带动能力强的企业，进行重点培育。按照"分产业、分区域、分重点"原则，积极推进全产业链发展。

——坚持科技支撑，金融助力。加强对特色优势产业发展的科研攻关、科技赋能作用，促进科研成果及时转化。对接金融政策，促进企业不断增强研发能力、生产能力、销售能力。

——坚持行业指导，社会参与。充分发挥行业协会指导、沟通、协调、监督作用，帮助企业加快发展，实施行业规范自律。充分调动社会各方广泛参与，"各炒一盘菜，共办一桌席"，共同助力产业发展。

——坚持高质量发展，增收富民。坚持"绿水青山就是金山银山"理念，帮助企业转变生产方式，按照高质量发展要求，促进产业发展、企业增效、农民增收、生态增值。

（三）主要目标

对标对表国家"十四五"规划和2035年远景目标纲要，设定到2025年、2035年两个阶段目标。

——到2025年，布局特色优势产业培育工程，先行试点，以点带面，实现突破性进展，取得明显成效。完成9个特色优势产业种养适生区的划定，推广"良种良法"，建设一批生产基地。培育一批龙头企业、专业合作社和家庭农场等市场主体，建立重点帮扶企业库，发挥引领带动作用。聘请一批知名专家，建立专家库，做好科技支撑服务工作。培养一批生产、销售和管理人才，增强市场主体内生动力，促进形成联农带农富农的帮扶机制。

——到2035年，特色优势产业培育工程形成产业规模，实现高质量发展。品种和产品研发取得重大突破，拥有多个高产优质品种和市场占有率高的产品。种养规模与市场需求相适应，加工技术不断创新，产品质量明显提升，销售盈利能力不断拓展，品牌影响力明显增强。拥有一批品种和产品研发专家，一批产业发展领军人才和产业致富带头人，一批社会化服务专业人才。市场主体发展壮大，实现一批企业上市。联农带农富农帮扶机制更加稳固，为共同富裕添砖加瓦，作出积极贡献。

二、重点工作

围绕特色优势产业培育工程目标，以"培育重点企业、建立专家库、实施消费帮、搭建资金池、发布蓝皮书"为抓手，根据帮扶地区自然禀赋和产业基础条件，做好五项重点工作。

（一）培育重点企业

围绕中西部地区，特别是三区三州和乡村振兴重点帮扶县，按照全产业链发展的思路遴选一批产业基础好、发展潜力大、创新能力强的企业，建立重点帮扶企业库，作为重点进行培育。对有条件的龙头企业，按照上市公司要求和现代企业制度，从政策对接、金融支持、消费帮扶等方面进行重点培育，条件成熟的推荐上市。

（二）强化科技支撑

遴选一批品种研发、产品开发、技术推广、工艺研究等方面的专家，建立专家库，有针对性地对制约产业发展的"卡脖子"技术难题进行联合攻关。为企业量身研发、培育种子种苗，用"良种良法"助力企业扩大种养规模。加强产品研发攻关，提高产品品质和市场竞争力。充分发挥企业家在技术创新中的重要作用，鼓励企业加大研发投入，承接和转化科研单位研究成果，搞好技术设备更新改造，强化科技赋能作用。

（三）扩大市场销售

帮助企业进行帮扶产品认定认证，给帮扶地区产品提供"身份证"，引导销售。利用促进会"帮扶网""三馆一柜"等平台和载体，采取线上线下多种方式销售。通过专题研讨、案例推介等形式，开展活动营销。通过每年发布蓝皮书活动，帮助企业扩大影响，唱响品牌，进行品牌销售。

（四）对接金融资源

帮助企业对接国有金融机构、民营投资机构，引导多类资金对特色优势产业培育工程进行投资、贷款，支持发展。积极与有关产业资本合作，按照国家政策规定，推进设立特色优势产业发展基金，支持相关产业发展。利用国家有关上市绿色通道，帮扶企业上市融资。

（五）发布蓝皮书

组织专家编写分产业的特色优势产业发展蓝皮书。做好产业发展资料收集、整理、分析工作，加强国内外发展情况对比分析，在总结分析和深入研究的基础上，按照蓝皮书的基本要求组织编写，每年6月前对外发布上一年度产业发展蓝皮书。

三、保障措施

（一）组建项目组

促进会成立项目组，制定《实施方案》并组织实施。项目组动员组织专家、企业家和有关单位，分别成立9个项目工作组，制定产业发展实施方案并组织实施。做好产业发展年度总结，编写好分产业特色优势产业发展蓝皮书。

（二）争取政策支持

帮助重点龙头企业对接国家有关产业政策、产业发展项目。协调相关部门，加大帮扶工作力度，争取将脱贫地区重点龙头企业的产业发展规划纳入国家有关部门和有关地区的专项发展规划并给予支持。争取各类金融机构对重点帮扶龙头企业给予贷款、融资优惠,助力重点帮扶企业加快发展。

(三)坚持典型引领

选择一批资源禀赋好、发展潜力大、市场前景广的种养基地作为示范种养典型,选择一批加工能力精深、技术先进、效益良好的龙头企业作为产品加工示范典型,选择一批增收增效、联农带农富农机制好的市场主体作为联农带农富农典型。通过典型示范,引领特色优势产业培育工程加快发展。

(四)搞好社会动员

建立激励机制,让热心参与特色优势产业发展的单位和个人政治上有荣誉、事业上有发展、社会上受尊重、经济上有效益。加强宣传工作,充分运用电视、网络等多种媒体,加大舆论宣传推广力度,营造助力特色优势产业培育工程的良好社会氛围。招募志愿者,创造条件让志愿者积极参与特色优势产业培育工程。

(五)加强协调促进

充分利用促进会在脱贫攻坚阶段取得的产业发展经验和社会影响力,协调脱贫地区龙头企业对接产业政策,动员产业专家参与企业技术升级和产品研发,衔接金融资源帮助企业解决资金难题。发挥行业协会的积极作用,按照公开、透明、规范要求,帮助企业规范运行,自我约束,健康发展。

四、组织实施

(一)规范运行

在促进会的统一领导下,项目组和项目工作组根据职责分工,努力推进9个特色优势产业培育工程实施。项目组要根据产业特点组织制定专家库、重点帮扶企业库的建设与管理办法、产业发展培育项目管理办法,包括金融支持、消费帮扶、评估评价等办法,做好项目具体实施工作。

(二)宣传发动

以全媒体宣传为主,充分发挥新媒体优势,不断为特色优势产业培育工程实施营造良好的政策环境、舆论环境、市场环境,让企业家专心生产经营。宣传动员社会各方力量，为特色优势产业培育工程建言献策。

（三）评估评价

发动市场主体进行自我评价，通过第三方调查等办法进行社会评价。特色优势产业培育工程项目组组织有关专家、行业协会、企业代表，对9个特色优势产业发展情况、市场主体进行专项评价。在此基础上，进行评估评价，形成特色优势产业发展年度评价报告。

CONTENTS | 目录

第二章

中国在世界葡萄酒产业中的地位 / 015

第三章

中国葡萄酒产业发展外部环境 / 029

第四章

中国葡萄酒产业发展重点区域 / 049

第五章

中国葡萄酒产销渠道分析 / 107

第六章

中国葡萄酒产业发展效益评价 / 133

第七章

中国葡萄酒产业发展趋势与对策 / 151

第一章

中国葡萄酒产业发展概论

葡萄酒产业在全球经济格局里，融合了农业种植、工业酿造及商业营销等多领域元素，有着不可忽视的地位。对中国来说，葡萄酒产业历经多年发展，已进入战略转型与结构优化的关键时期。从葡萄园的规划与种植的技术进步，到葡萄酒酿造工艺的精进和质量把控，再到产品在市场中的流通、品牌塑造，以及终端消费市场的需求变化和竞争态势。这些产业环节的动态发展，不仅是葡萄酒行业从业者聚焦的核心任务，更是中国乡村发展志愿服务促进会极为关注的重要议题之一。

第一节 2024年中国葡萄酒产业发展现况剖析

2024年，在中国宏观经济波动、市场竞争加剧以及消费者需求快速变化的背景下，中国葡萄酒产业呈现出复杂的发展态势。深入剖析这一年产业的发展现状，有助于准确把握产业运营状态。通过研究产业的发展变化、存在问题及其新特征，能够为预测产业未来趋势、制定发展策略提供可靠依据。

一、产业发展概况

2024年，中国葡萄酒产业在多方面呈现出独特的发展态势。

酿酒葡萄种植面积稳定在127.5万亩左右，区域发展有别。宁夏贺兰山东麓产区凭借政策与市场拉动，面积稳定。但河西走廊、新疆、山东、河北等部分产区，因葡萄园人工成本高，种植面积出现下滑。

企业数量方面，国家统计局数据显示，2023年，国内葡萄酒规模以上企业数量为104家，相较于2022年的119家减少15家，相比2017年高峰时的244家减少过半，反映出行业整合趋势。

葡萄酒产量持续走低，2024年1—11月，国内葡萄酒累计产量10.3万千升，同比下降14.2%。市场竞争激烈、消费市场未完全复苏及替代品竞争等因素，致使企业主动收缩生产规模。

进口迎来增长,中国海关数据显示,2024年葡萄酒全年进口额15.9亿美元,同比增长37.2%,进口量约2.8亿升,同比增长13.6%。这是自2019年行业总量下滑以来首次回暖,其中澳大利亚葡萄酒凭借双反解除强势回归,进口金额达5.5亿美元,重回进口额排行榜首位。

二、发展变化

(一)种植环节:面积稳中有变,品种结构优化

种植面积波动调整。近年来,酿酒葡萄栽培面积稳定在127.5万亩左右。不过,受市场需求、种植成本及政策导向等因素影响,各产区面积有不同程度变化。一是部分酿酒葡萄种植占用永久农田,需限期退出并恢复永久农田粮食生产功能。二是葡萄园标准化程度低。如采摘、埋土这类作业难以实现机械化,人工成本飙升。例如采收榨季,即便给出每天300元的高价,仍难以招到足够的人手,这使得部分种植户不得不缩减种植规模。而宁夏贺兰山东麓产区凭借政策支持与市场需求拉动,种植面积保持相对稳定的状态,截至2023年底,其酿酒葡萄种植和开发面积达60.2万亩,2024年在此基础上略有微调,该产区继续巩固了其在国内葡萄酒产业中的重要地位。

品种多元化推进。为满足消费者日益多元的口味需求,国内葡萄酒企业和种植户不断引入和培育新的葡萄品种。除了传统的赤霞珠、梅洛、霞多丽等国际流行品种,一些特色品种如马瑟兰、小芒森等也在逐渐扩大种植面积。同时,本土品种的挖掘与培育工作也取得一定进展,如爱格丽、媚丽、北冰红等品种,在特定产区展现出独特的风土适应性,为打造具有中国特色风味的葡萄酒提供了原料保障。

种植技术升级趋势。科技在葡萄种植领域的应用越发深入。2024年,部分产区积极探索智慧化种植管理模式。例如,宁夏"科创中国"葡萄酒产业科技服务团聚焦提升酿酒葡萄栽培智慧化管理水平,联合多方力量,合作建立服务平台。美贺庄园等酒庄开始应用传感器、物联网等技术,实时监测土壤湿度、

养分含量、气象变化等信息，精准调控灌溉、施肥等农事操作，实现降本增效。无人机在葡萄园病虫害监测与防治方面的应用也逐渐普及，通过高空拍摄和数据分析，能够及时发现病虫害迹象，为精准施药提供依据，减少化学药剂使用量，进而提升葡萄品质和安全性。

（二）生产环节：产量下滑，品质提升与结构优化并行

产量延续下行态势。从产量数据来看，2024年中国葡萄酒产量持续走低。规模以上葡萄酒生产企业2024年1—12月葡萄酒产量为11.8万千升，较上年同期下降14.5%，这一降幅较上一年同期收窄17.4个百分点，延续了自2019年以来的下行趋势。单月产量波动明显，2024年12月产量为1.5万千升，环比增长33.3%，但同比下降28.6%。从产能利用率来看，2024年1—10月累计产量仅9.2万千升，同比下降9.8%，需求不足导致企业开工率较低。产量下滑的原因主要有两方面：一方面，进口葡萄酒大量涌入，市场竞争激烈，挤压了国产葡萄酒的市场份额；另一方面，国内葡萄酒消费市场尚未完全复苏，消费场景受限，叠加白酒、啤酒等替代品的竞争，使得葡萄酒生产企业面临较大压力，不得不主动调整生产规模。

产品质量稳步提升。随着消费者对葡萄酒品质要求的提高，以及市场竞争的加剧，国内葡萄酒企业越发重视产品质量的提升。在酿造工艺上，企业积极引进先进技术和设备，借鉴国际经验。许多酒庄加大了对陶罐陈酿、低温发酵等技术的应用力度，以提升葡萄酒的口感和风味复杂度。部分企业还建立了完善的质量管控体系，从原料采购、酿造过程到成品出厂，每个环节都进行严格检测和监控。例如，宁夏产区的一些酒庄通过与高校、科研机构合作，对葡萄原料的成熟度、糖分、酸度等指标进行精准检测，确保酿造出的葡萄酒品质稳定且优质。这些努力使得国产葡萄酒在国际赛事中屡获佳绩，逐渐提升了中国葡萄酒在全球的知名度和美誉度。

产品结构优化调整。消费结构分化促使葡萄酒产品结构不断优化。在高端市场，新中产阶层崛起，其对高品质、个性化葡萄酒的需求持续增长，推动了高端葡萄酒的发展。国内一些酒庄推出了限量版、年份酒等高端产品，满足消

费者对品质和收藏价值的追求。而在大众市场，为迎合年轻消费群体偏好，企业开发出低度、果味、小瓶装等多样化产品。如部分企业推出的低度气泡葡萄酒、果味葡萄酒、鸡尾酒等，这些产品凭借时尚的包装和新颖的口感，在年轻消费者中颇受欢迎，增加了葡萄酒的消费场景和受众群体。

（三）流通环节：渠道多元化发展，线上线下融合加速

传统渠道持续变革。传统的分销代理制下，经销商生态不断变化。为应对市场竞争，经销商开始注重与上下游的协同合作。在宴席市场，葡萄酒企业和经销商加大推广力度，通过与婚庆公司、酒店等合作，举办葡萄酒品鉴活动、推出婚宴定制酒等，努力实现"破圈"，扩大葡萄酒在宴席场景中的消费份额。小酒馆作为新兴的消费场景，发展势头迅猛，成为葡萄酒销售的重要渠道之一。众多葡萄酒品牌纷纷与小酒馆合作，开展特色营销活动，如主题品鉴夜、酒单定制等，以吸引年轻消费者。葡萄酒专卖店也在不断转型，通过打造"社区消费圈""一千米消费圈"，为周边消费者提供更便捷的产品体验和服务，如举办线下品酒课程、提供个性化选酒建议等，增强消费者黏性。

线上渠道增长强劲。电商平台在葡萄酒销售中的地位越发重要。2024年，京东超市加强与国产葡萄酒企业的合作，推出220款新品，葡萄酒用户数超过450万人，线上市场占有率超过40%，支持国产葡萄酒产业发展。在数据赋能方面，依托超4000万葡萄酒高潜用户，针对不同品牌、产品定位，进行精准的用户触达与转化；在流量护航方面，设立"中国葡萄酒"专属频道，给予千万级曝光资源，通过多种内容资源对获奖酒款给予单品强引流；此外，直播带货等新兴线上销售模式也持续火热，丹凤酒庄、贺兰红酒庄等葡萄酒企业通过董宇辉团队、李佳琦团队等的直播平台展示产品、讲解葡萄酒知识，与消费者实时互动，促进产品销售。但线上渠道也面临一些问题，如产品质量参差不齐、虚假宣传等现象时有发生，需要进一步加强监管。

线上线下融合趋势。葡萄酒企业积极探索线上线下融合的O2O模式。线下门店为消费者提供产品体验和品牌认知的场所，线上平台则拓宽销售范围、实现精准营销。例如，一些酒庄开展线上预约，消费者到线下酒庄参观、品酒，购

买产品后可选择线上配送。部分品牌还通过线上线下联动的促销活动，如线上发放优惠券、线下门店提货，吸引消费者参与，提升品牌影响力和产品销量。线上线下融合不仅为消费者提供了更便捷、个性化的购物体验，也有助于企业整合资源，提高运营效率。

（四）消费环节：市场需求分化，新兴消费群体崛起

高端化与区域集中化。高端葡萄酒市场呈现增长态势，新中产阶层成为推动高端葡萄酒需求增长的主力军。他们对葡萄酒品质、品牌文化和消费体验有更高要求，更愿意为高品质、具有独特风味和收藏价值的葡萄酒支付高价。然而，在高端市场，进口葡萄酒仍占据主导地位，法国、意大利等传统葡萄酒强国的高端产品凭借悠久历史、卓越品质和强大品牌影响力，深受消费者青睐。从区域消费来看，长三角、珠三角等经济发达地区是葡萄酒消费的主力区域。这些地区居民收入水平高，消费观念较为开放，对葡萄酒的接受度和认知度较高，且商务活动频繁，为葡萄酒消费提供了广阔的市场空间。

年轻消费群体的偏好与影响。年青一代逐渐成为葡萄酒消费的重要力量，他们的消费偏好深刻影响着市场走向。年轻消费者更倾向于低度化、个性化、时尚化的葡萄酒产品，追求新颖的口感和独特的消费体验。为迎合这一需求，企业推出多种创新产品，如小瓶装葡萄酒方便携带和分享，适合年轻消费者在户外活动、聚会等场景饮用；果味葡萄酒添加了水果香气和风味，减少了葡萄酒的酸涩感，更符合年轻人口味；低度气泡葡萄酒则以其清爽的口感和活泼的气泡，受到年轻消费者尤其是女性消费者的喜爱。此外，年轻消费者受社交媒体影响较大，葡萄酒品牌通过在社交媒体平台开展创意营销活动、与网红合作等方式，吸引年轻消费者关注，塑造品牌形象。

消费场景的增加与变化。葡萄酒的消费场景不断增加和丰富。除了传统的商务宴请、家庭聚会、西餐厅消费等场景，户外野餐、露营、线上社交品酒等新兴场景逐渐兴起。针对户外野餐和露营场景，企业推出轻便包装、易于开启的葡萄酒产品；线上社交品酒则借助直播平台、社交媒体群组等，组织消费者进行线上品酒活动，分享品酒心得，打破地域限制，为消费者提供了全新的消费

体验。随着消费者健康意识的提高，葡萄酒作为相对健康的酒精饮品，在注重健康生活方式的消费群体中，日常佐餐消费场景也有所增加。

（五）国际竞争环节：进口冲击加剧，出口面临挑战与机遇

进口葡萄酒市场格局。2024年，进口葡萄酒市场竞争激烈，格局发生显著变化。澳大利亚葡萄酒强势回归，凭借零关税优势和产品性价比，迅速成为中国葡萄酒第二大进口来源，对国内中低端葡萄酒市场造成较大冲击。法国、意大利等传统葡萄酒强国则通过深化与国内经销商的合作、举办高端品鉴活动、加强品牌推广等方式，巩固其在高端市场的优势份额。进口葡萄酒在品牌知名度、产品质量稳定性、营销经验等方面具有优势，进一步挤压了国产葡萄酒的市场空间。

国产葡萄酒出口困境。中国葡萄酒在国际市场上的出口之路充满挑战。一方面，国产葡萄酒品牌在国际上知名度较低，消费者认知度和认可度有限，难以与国际知名品牌竞争。另一方面，国际贸易保护主义抬头，一些国家设置了严格的贸易壁垒，如提高关税、制定严苛的质量标准等，增加了国产葡萄酒出口的难度和成本。此外，国产葡萄酒在产品风格、包装设计等方面，与国际市场主流需求存在一定差距，需要进一步优化和调整，以适应不同国家和地区消费者的口味和审美偏好。

潜在机遇与应对策略。尽管面临诸多挑战，但中国葡萄酒出口也存在一些潜在机遇。共建"一带一路"的推进，使中国与沿线国家的贸易往来日益密切，为葡萄酒出口提供了广阔市场空间。部分国产葡萄酒在品质提升和特色塑造方面取得成效，逐渐在国际市场上崭露头角。例如，宁夏贺兰山东麓产区的一些葡萄酒在国际葡萄酒大赛中屡获大奖，提升了中国葡萄酒的国际声誉。为应对国际竞争，国内葡萄酒企业需加强品牌建设，提升产品品质，深入研究国际市场需求，优化产品结构和营销策略。同时，政府和行业协会应发挥引导作用，加强国际市场开拓服务，帮助企业应对贸易壁垒，推动中国葡萄酒走向国际市场。

第二节　产业发展存在的问题

一、种植端："三低"困境凸显

机械化程度低。中国葡萄酒种植环节机械化严重滞后。产区地形复杂、种植分散，先进设备难以作业。采摘依赖人工，效率低且成本高，部分产区人工采摘成本占比达30%～40%，制约规模化与标准化发展，影响采摘及时性与质量一致性。此外，葡萄园的整地、施肥、植保等环节同样缺乏适配机械，导致从种植到采收全流程效率低下，难以形成规模效应，提升产能受阻。

标准规范程度低。葡萄种植标准化体系建设迟缓。产区与种植户在品种选择、栽培技术及田间管理上差异大，缺乏统一标准。施肥不科学，重化肥、轻有机肥，影响土壤肥力与葡萄品质；有的企业在病虫害防治中过度用药，无法满足工业化生产对原料稳定性的要求。同时，多数种植户缺乏科学的风险分散意识，未参与农业保险，一旦遭遇自然灾害，就会面临资金链断裂，后续种植投入不足，陷入恶性循环，导致产能持续下滑。

优质品种占比低。国内葡萄种植品种结构不合理，优质酿酒葡萄品种占比相对较低。一方面，部分产区盲目跟风种植热门品种，未充分考虑当地气候、土壤等自然条件，导致品种与产区适配性差，葡萄品质难以达到优质酿酒标准。另一方面，品种更新换代缓慢，难以适应市场对高品质葡萄酒的需求。此外，优质葡萄品种的引进和培育体系不完善，缺乏专业的科研力量和资金投入，使得国内自主培育的优质品种较少，同一地块多品种混种现象普遍，在国际市场上缺乏竞争力，进一步制约了葡萄酒产业的高质量发展，严重影响整体产量和品质。

二、生产端："三弱"制约发展

创新活力弱。葡萄酒企业创新意识与能力欠缺。产品研发对市场需求反应迟钝,同质化严重,新兴品类开发不足。酿造工艺自主创新不足,对本土特色传承不够。营销模式陈旧,依赖传统渠道与促销手段难以契合数字化时代消费者习惯与心理变化。

成本把控能力弱。国内葡萄酒企业面临成本与质量的矛盾。有些酒庄企业试图通过盲目限产来提升质量,但限产本身未必能直接提升品质,需在原料把控、设备升级、研发投入、人才培育等方面加大投入力度,这必然会增加成本。但进口酒低价冲击,市场竞争激烈,企业定价受限。部分企业为降成本偷工减料,损害产品质量与品牌形象,削弱市场竞争力。此外,供应链管理效率低下,仓储、物流成本占比过高,进一步压缩利润空间,使得企业在成本控制与品质保障之间难以找到平衡。

产业协同弱。葡萄酒生产端各环节衔接不畅,信息传递受阻,企业间无序竞争,缺乏资源共享与联合创新,难以形成产业集群效应。与上下游协同性差,订单波动时易出现库存积压或原料短缺。产区意识淡化,企业重自身、轻产区,宣传忽视产区特色,缺乏统一文化挖掘,削弱产区辨识度与竞争力。原料与生产监管薄弱,原料收购缺乏追溯体系,生产标准不统一,缺少权威检测机构与监管平台,产品质量参差,影响产区声誉与市场信任。

三、流通端:"三待"问题突出

品牌影响力待提升。国产葡萄酒品牌在国际国内市场影响力不足。与国际知名品牌相比,品牌故事挖掘、形象塑造与传播推广存在较大差距。品牌定位模糊,传播投入少且渠道单一,依赖传统方式,忽视新媒体,导致国内外知名度与认可度低,限制市场拓展与附加值提升。

渠道效率待优化。葡萄酒流通环节问题多。传统分销层级多,信息不畅,产品流通慢,库存积压与缺货并存。经销商缺乏协同,难以形成合力。物流配送要求高,但国内基础设施薄弱,专业企业少,成本高且时效差。线上线下融合时,信息与价格混乱,影响消费者体验与渠道效率。

市场培育待加强。葡萄酒消费文化在中国尚未普及,消费者认知与品鉴能力不足。企业和经销商市场培育投入少，活动形式单一，产品开发精准度不高，推广力度弱。葡萄酒与餐饮文化融合不深，缺乏本土搭配体系，限制日常消费场景拓展，影响市场规模扩大。

四、消费端："三缺"阻碍增长

消费文化缺底蕴。中国葡萄酒消费文化发展滞后。消费者对葡萄酒文化认知不足，品鉴知识与礼仪规范普及度低，依赖品牌与价格选择产品。文化传播渠道有限，产区与企业推广投入少、形式单一，中小城市相关活动少，消费者缺乏接触机会，文化认同感弱。

消费潜力缺挖掘。中国葡萄酒市场规模大，但人均消费远低于世界平均水平，潜力未充分释放。消费者认知有局限性，消费场景集中在商务与礼品领域，日常消费市场未打开。企业市场定位不准确，重高端、轻大众，产品价格不合理，缺少日常饮用的高性价比产品，限制消费群体扩大。

产品结构缺优化。葡萄酒产品结构难以匹配多元消费需求。一方面，品类相对单一，多数企业集中生产干红、干白等传统类型，对起泡酒、甜酒等新兴品类开发不足，无法满足消费者个性化口味偏好。另一方面，产品分层不合理，高端市场被国际品牌占据，本土品牌高端化缺乏品牌与品质支撑；低端市场同质化严重，品质参差不齐，缺乏有竞争力的大众产品。此外，针对年轻消费者、女性消费者等细分群体开发的功能性、低度化产品稀缺，难以契合新消费趋势，导致消费端产品供需失衡，制约行业增长。

五、国际竞争端："三难"困局难解

进口冲击难抵挡。2024年，进口葡萄酒冲击加剧。澳大利亚凭借零关税和性价比抢占我国中低端市场，法国、意大利等传统葡萄酒强国通过品牌升级等方式巩固高端市场并向二、三线城市渗透。进口酒在品牌、技术、营销上优势明显，国内企业在品牌竞争、产品差异化与市场份额争夺上困难重重，尤其在高端拍卖市场，国产酒影响力较弱。

出口量难突破。中国葡萄酒出口障碍多。品牌国际化程度低，酒庄企业规模小，国际知名度与美誉度差，消费者认知不足。贸易保护主义抬头，各国设置贸易壁垒，增加出口成本与难度。产品风格、包装设计与营销策略未充分考虑国际需求与文化差异，难以迎合不同市场偏好。

国际市场难开拓：国内葡萄酒企业国际市场开拓经验少，缺乏国际化战略与专业人才。对国际市场研究不深入，难以制定有效进入策略与营销方案。推广投入少、渠道单一，主要依赖展会。企业间缺乏合作，各自为政，在国际社交媒体上宣传互动不足，难以提升品牌国际影响力。

第三节　中国葡萄酒产业新特征

一、消费升级驱动个性化需求释放

随着居民收入水平提升，消费升级趋势在葡萄酒领域越发显著。新中产阶层崛起，他们追求高品质生活，对葡萄酒的品质、风味、品牌文化有深入探索欲望。这为国内酒庄推出高端、特色葡萄酒产品创造了机遇，如限量版、单一葡萄园酒款，可满足其对独特体验与收藏价值的追求。年轻消费群体壮大，其偏好低度、果味等时尚包装葡萄酒，促使企业开发创新产品，如气泡葡萄酒、无醇、低酒精葡萄酒、白兰地，丰富消费场景，吸引新客群，扩大市场容量。

二、数字化技术赋能产业全链条革新

大数据、物联网、人工智能等数字化技术在葡萄酒产业应用广泛。种植环节，传感器实时监测葡萄园环境，精准管理农事，提升原料质量与产量。生产环节，自动化设备与智能酿造系统优化工艺，保障产品稳定性与一致性。流通环节，电商平台与线上营销精准触达消费者，直播带货、社群营销促进销售。企业利用数据洞察市场趋势、消费者偏好，指导产品研发、营销决策，提升运营效率，增强市场竞争力。

三、"一带一路" 倡议拓展国际市场版图

共建"一带一路"加强了中国与沿线国家经贸文化交流。沿线国家葡萄酒消费市场潜力大，为国产葡萄酒出口提供契机。宁夏等产区的葡萄酒在国际赛事中获奖，提升了国际知名度。企业借此参加国际展会、开展跨境电商合作，开拓海外市场，传播中国葡萄酒文化，提升国际影响力，实现产业国际化发展。

四、进口葡萄酒加剧市场竞争压力

2024年，进口葡萄酒强势回归，澳大利亚凭借零关税和性价比优势，迅速抢占中低端市场份额，对国内同价位产品造成巨大冲击。法国、意大利等传统葡萄酒强国通过品牌升级、市场下沉，巩固高端市场，并向二、三线城市拓展。进口酒在品牌、技术、营销方面优势明显，国内企业在品牌竞争、产品差异化、市场份额争夺上面临巨大压力。

五、国内市场竞争格局深度变革

国产葡萄酒企业数量众多，产品同质化严重，价格战频发。中小品牌在资金、技术、品牌影响力等方面存在薄弱环节，生存艰难。行业整合加速，部分企业破产清算，市场集中度逐渐提高，头部企业凭借品牌、渠道、资源优势，在市场竞争中占据主导地位；中小品牌需寻求差异化竞争路径，提升自身竞争力。

六、消费者教育与市场培育任重道远

葡萄酒消费文化在中国尚不成熟，消费者对葡萄酒的认知、品鉴能力有限。企业市场培育投入不足，推广活动形式单一，难以激发消费者兴趣。葡萄酒与餐饮文化融合不够深入，缺乏本土餐饮搭配体系，限制日常消费场景拓展。培育成熟消费市场，提升消费者认知与接受度，是产业发展面临的长期挑战。

七、产区建设与品牌塑造协同发展

各产区加强基础设施建设，提升标准化、规范化水平，打造特色产区品牌。宁夏贺兰山东麓产区依托政策支持与风土优势，持续扩大国际影响力，吸引投资与人才，推动产业集群发展。企业加强品牌建设，挖掘品牌故事，塑造独特品牌形象，通过多种渠道传播推广，提升品牌知名度与美誉度，以品牌引领产业发展。

八、科技创新推动品质全面提升

加大科技研发投入力度，引进培养专业人才，加强与高校、科研机构合作，开展葡萄种植、酿造工艺、质量控制等关键技术的研究与创新。推广智能化种植、智能化酿造技术，提升产品品质与生产效率。加强质量管控，建立完善标准体系与检测机制，确保产品质量安全，以品质赢得市场认可。

九、产业融合催生多元化发展格局

推动葡萄酒产业与旅游、文化、康养等产业深度融合，开发葡萄酒主题旅游线路、文化体验活动、康养产品，拓展产业发展空间。发展葡萄酒电商、新零售等新兴业态，创新营销模式，提升消费体验。通过产业融合与多元化发展，延伸产业链，提升产业附加值，实现可持续发展。

第二章

中国在世界葡萄酒产业中的地位

2023年，全球葡萄酒产业面临极端天气增多、生产成本上升和消费疲软等多重挑战。中国作为全球葡萄酒市场的重要参与者，其葡萄种植面积、葡萄酒产量、葡萄酒消费量及国际贸易均经历结构性调整。本章基于国际葡萄与葡萄酒组织（OIV）和中国酒业协会等发布的权威数据，系统分析2023年中国葡萄酒产业的核心指标及其对全球格局的影响，并提出战略思考。

第一节　葡萄种植面积

世界葡萄种植面积是指种植了各种用途的葡萄（用于生产葡萄酒、葡萄汁、鲜食葡萄和葡萄干）的总面积，包括尚未结果的幼龄葡萄。2023年，世界葡萄种植面积为720万公顷，比2022年下降了0.5%，连续第三年下降（见图2-1）。在这一背景下，中国以756千公顷的葡萄种植面积位居全球第三（占比10.5%），仅次于西班牙（945千公顷，占比13.1%）和法国（792千公顷，占比11.0%）（见表2-1）（OIV，2024a）。尽管中国的葡萄种植面积位居世界前列，但其背后的结构性变化仍需关注。

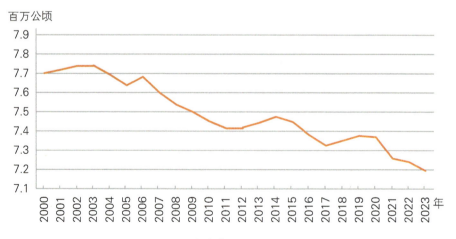

图2-1　世界葡萄种植面积的变化

表2-1　2023年全球主要国家葡萄种植面积

国家	种植面积（千公顷）	全球占比（%）	世界排名	同比变化（%）
西班牙	945	13.1	1	–1.0
法国	792	11.0	2	–0.4
中国	756	10.5	3	–0.3
意大利	720	10.0	4	+0.2
土耳其	410	5.7	5	–0.8

数据来源：OIV，2024a。

中国葡萄种植面积在2012—2020年整体呈增长趋势，是世界葡萄园增长的主要驱动力之一，但自2020年开始稳定下来，并在2023年首次出现0.3%的小幅下降（见图2-2）。与其他主要葡萄种植国家相比，中国虽然在种植面积总量上处于前列，但在种植模式、品种结构和单产水平等方面仍存在差异。例如，2023年，中国的酿酒葡萄面积为105.87千公顷，仅占葡萄种植面积总量的14%，而全球平均酿酒葡萄占比为44%。西班牙凭借地中海气候优势和欧盟农业补贴政策，长期保持全球首位，其酿酒葡萄占比为73%。法国尽管种植面积略高于中国，但其种植结构向高质量酿酒葡萄集中，单产下降，产值却在上升，其酿酒葡萄占比高达99%（OIV，2024b）。

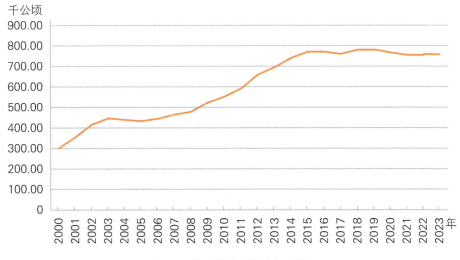

图2-2　中国葡萄种植面积的变化

2023年，部分产区葡萄种植面积出现了增减变化。以宁夏贺兰山东麓产区为例，近年来，该产区凭借适宜的气候和土壤条件，以及政府的政策支持，种植面积稳步增长，成为中国最大的酿酒葡萄集中连片产区，截至2023年底，宁夏酿酒葡萄种植和开发面积达到4.01万公顷。其面积增长的原因主要包括：一是当地政府出台了一系列鼓励葡萄种植和葡萄酒产业发展的政策，如土地流转优惠、种植补贴等；二是该产区在国际上的知名度逐渐提升，吸引了更多的企业和投资者进入，推动了种植面积的扩张。

2023年，新疆葡萄种植面积为11.88万公顷，几乎与2022年持平（-1.8%），其中酿酒葡萄种植面积保持稳定，均为2万公顷。近年来，新疆全力推动葡萄酒产业高质量发展，酿酒葡萄种植面积稳定在2万公顷，是全国最大的葡萄原酒生产基地。尽管有规划提出，到2025年，新疆葡萄种植面积达6.7万公顷，但目前尚未实现显著增长。

而在一些传统产区，如甘肃，由于酿酒葡萄价格低、销售难，部分农户放弃管护，导致种植面积萎缩。2022年，甘肃的酿酒葡萄实际种植面积已不足15万亩，相比2011年峰值时的30万亩大幅下降（中国网，2024）。河北葡萄种植面积2023年为4.15万公顷，比2022年（4.27万公顷）下降了2.8%。这种面积的增减变化对中国葡萄酒产业布局产生了重要影响。新兴产区的崛起有助于优化产业布局，形成多元化的产业格局，提升中国葡萄酒在不同风格和品种上的竞争力；而传统产区的萎缩则需要引起重视，通过调整种植结构、提升产品品质等方式来实现产业的转型升级，避免产业发展的失衡。

造成上述变化的主要有下列因素。一是政策调整。随着环保政策的趋严，部分低效、高污染、低效益的葡萄园被整合或退耕，以适应国家的绿色发展战略。二是气候灾害。北方产区如宁夏等地在春季遭遇了严重的霜冻天气，导致部分葡萄受损，影响种植面积。三是市场导向。酿酒葡萄种植逐渐向优质产区集中，如宁夏贺兰山东麓、新疆天山北麓等，这些地区的气候和土壤条件更适宜生产高品质的葡萄酒。此外，处于云南、四川和西藏交界地带的西南高山产区等新兴产区积极探索小众品种（如冰葡萄酒）和精品小酒庄模式等，通过差异化竞争在市场中占据一席之地。与此同时，鲜食葡萄的种植面积略有缩减，以适应市场需求的变化。

第二节　葡萄酒产量

2023年，全球葡萄酒产量估计为237亿升，与2022年相比大幅减少近25亿升（-9.6%）。这次减产是近年来最严重的减产之一。在连续四年保持2019年平均产量水平后，2023年的产量是自1961年（214亿升）以来的最低产量（见图2-3）（OIV，2024a）。

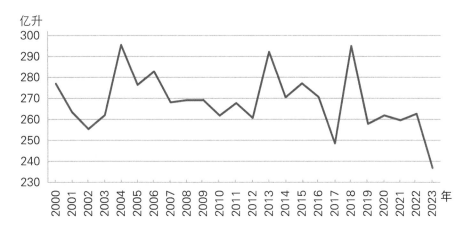

图2-3　全球葡萄酒产量的变化

2023年，中国葡萄酒实际产量为3.2亿升，仅占全世界的1.3%，居世界第十五位（见表2-2）（OIV，2024a）。与2022年相比，中国葡萄酒产量同比下降33.0%，是近年来下降幅度较大的一年。从历史数据来看（见图2-4），中国葡萄酒产量在过去十年间整体呈下降趋势，这与全球葡萄酒产量的波动变化趋势有所不同。

表2-2　2023年全球主要国家葡萄酒产量对比

国家	产量（亿升）	全球占比（%）	世界排名	同比变化（%）
法国	48.0	20.2	1	+4.4
意大利	38.3	16.1	2	−23.2
西班牙	28.3	11.9	3	−25.7
美国	24.3	10.2	4	+0.5
中国	3.2	1.3	15	−33.0

数据来源：OIV，2024a。

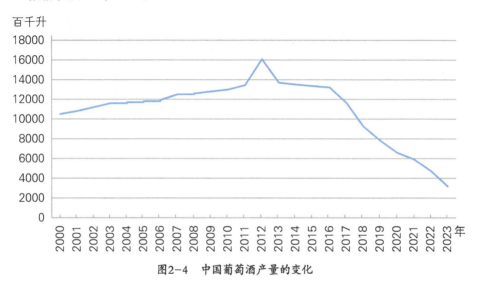

图2-4　中国葡萄酒产量的变化

　　中国葡萄酒产量的下降受多方面因素影响。首先，气候因素对葡萄生长产生了不利影响。2023年，部分产区遭遇了极端天气，如干旱、暴雨等，影响了葡萄的产量和品质 。其次，市场需求的变化也促使企业调整生产策略。随着国内葡萄酒市场竞争加剧，进口葡萄酒的冲击以及消费者对葡萄酒品质和品牌要求的提高，一些中小葡萄酒企业面临生产压力，不得不减产。最后，产业结构调整也是产量下降的原因之一。中国葡萄酒产业正逐渐从追求产量向追求品质转变，一些低质低效的产能正在被淘汰。

　　产量变化对国际市场和国内供需平衡产生了一定影响。在国际市场上，中国葡萄酒产量的下降使得中国在全球葡萄酒供应市场的份额进一步降低，对国际葡萄酒价格的影响力也相对减弱。在国内市场，产量下降在一定程度上缓解了国内葡萄酒市场供大于求的矛盾，但同时也可能导致部分消费者对国产葡萄酒的选择范围变窄。从长远来看，产量的下降如果能够促使企业更加注重品质提升，将有助于提高国产葡萄酒在国内和国际市场的竞争力，实现产业的可持续发展。

第三节　葡萄酒消费量

2023年，世界葡萄酒实际消费量为221亿升，与2022年相比下降2.6%，是1996年以来的最低纪录。自2018年以来，全球葡萄酒消费量总体保持着下降趋势（见图2-5）。

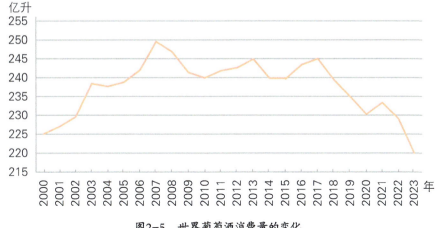

图2-5　世界葡萄酒消费量的变化

2023年，中国的葡萄酒实际消费量为6.8亿升，占全世界的3.1%，比2022年降低24.7%，居世界第九位（OIV，2024a）。自2018年以来，中国的消费量平均每年减少2亿升（见图2-6）。

虽然中国葡萄酒的消费总量居世界第九位，但人均消费量与国际主要市场存在很大的差距。以美国为例，2023年美国葡萄酒消费量为33.3亿升，人均消费量约为10.1升（按照美国人口约3.3亿人计算）；而中国按照14亿人口计算，人均消费量仅约0.49升（见表2-3）。

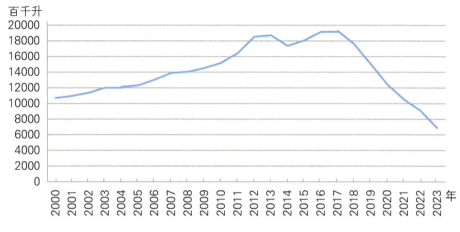

图2-6　中国葡萄酒消费量的变化

与法国、意大利等传统葡萄酒消费大国相比，差距更为明显。法国2023年葡萄酒消费量为24.4亿升，人均消费量约36.4升（按照法国人口约6700万人计算）；意大利2023年葡萄酒消费量为21.8亿升，人均消费量约36.3升（按照意大利人口约6000万人计算）（见表2-3）。因此，中国葡萄酒市场仍有较大的增长潜力，随着消费者对葡萄酒认知度的提高和消费习惯的养成，市场空间有望进一步拓展。

表 2-3　2023年全球主要国家葡萄酒消费量对比

国家	消费量（亿升）	全球占比（%）	人均消费量（升）
美国	33.3	15.1	10.1
法国	24.4	11.0	36.4
意大利	21.8	9.9	36.3
中国	6.8	3.1	0.49

数据来源：OIV，2024a。

不同消费群体对葡萄酒的偏好存在差异，这对葡萄酒产业发展产生了重要引导作用。年轻消费群体更加注重葡萄酒的时尚感、个性化和便捷性。他们倾向于选择小容量包装、低酒精度、果香浓郁的葡萄酒产品，如一些起泡酒和甜型葡萄酒。同时，年轻消费者对葡萄酒的消费场景更加多元化，除了传统的餐饮搭配，还会在社交聚会、休闲娱乐等场合饮用葡萄酒。

　　而中高端消费群体则更注重葡萄酒的品质、品牌和文化内涵。他们对产地、品种、酿造工艺等方面有较高的要求，愿意为优质的葡萄酒支付溢价。这部分消费者更倾向于选择知名产区的葡萄酒，如法国波尔多、勃艮第产区及国内一些优质产区的高端产品。

　　消费量的变化也促使葡萄酒企业调整生产和营销策略。随着年轻消费群体消费量的逐渐增加，企业开始推出更多符合其口味和消费习惯的产品，如加强线上营销渠道的建设，推出适合年轻消费者的葡萄酒礼盒等。针对中高端消费群体，企业则加大了对品质提升和品牌建设的投入，加强与国际知名酒庄的合作，引进先进的酿造技术和管理经验，提升产品的竞争力。

第四节　葡萄酒国际贸易

　　2023年，南半球葡萄酒产量低、平均出口价格高（见图2-7）以及国际需求疲软等因素，严重影响了全球葡萄酒出口量，其同比下降了6.3%，下降到99.3亿升，为2011年以来的最低水平（见图2-8）。

　　2023年，中国由2022年的世界第八大葡萄酒进口国降为第十大进口国：进口了2.5亿升葡萄酒（-26.1%），进口额为11亿欧元（-21.7%）。散装和瓶装葡萄酒进口量分别下降了18%和30%，这两种葡萄酒占2023年葡萄酒进口总量的

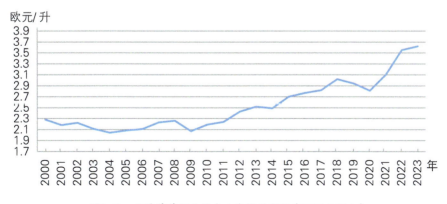

图2-7　世界葡萄酒平均出口价格的变化（OIV，2024a）

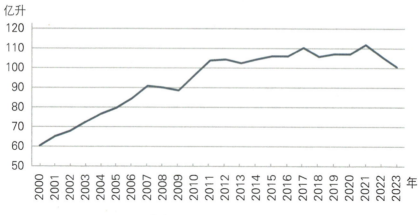

图2-8　世界葡萄酒贸易量的变化（OIV，2024a）

96%和进口总额的92%（OIV，2024a）。

中国葡萄酒的出口量一直很少，其最高峰为2016年的1000万升。2023年，中国葡萄酒的出口量为330万升，比2022年的290万升上升了13.8%（OIV，2024a）。

中国葡萄酒进口量、出口量的变化见图2-9和图2-10。

在进口方面，中国主要的葡萄酒进口来源国包括法国（占比35%）、智利（占比25%）、澳大利亚（占比10%）等。与2022年相比，2023年从这些国家的进口量均有所下降。其中，受中国取消对大洋洲葡萄酒"双反"措施的影响，澳大

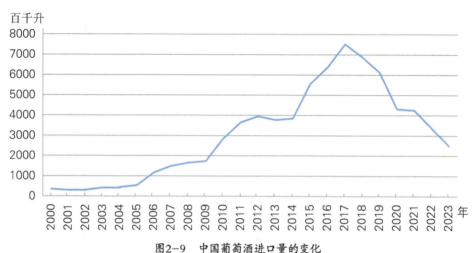

图2-9　中国葡萄酒进口量的变化

利亚葡萄酒进口量在未来可能会出现变化,但在2023年仍处于下降趋势。

中国葡萄酒出口市场主要集中在亚洲周边国家和地区,如日本、韩国和新加坡等。与主要出口国家相比,中国葡萄酒出口量差距明显,如意大利2023年出口量为21.4亿升,西班牙为20.8亿升,法国为12.7亿升(OIV, 2024a)。

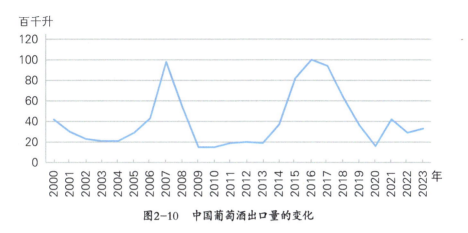

图2-10　中国葡萄酒出口量的变化

2023年,中国葡萄酒进口额为11亿欧元(−21.7%),均价4.4欧元/升(+5.9%);出口额为0.15亿欧元(+10%),均价4.5欧元/升(受高端酒拉动)。贸易额的变化受到多种因素的影响。汇率波动对葡萄酒贸易额有着直接影响。当人民币对主要外币汇率发生变化时,进口葡萄酒的价格会相应调整,从而影响进口商的成本和消费者的购买意愿。若人民币贬值,进口葡萄酒的价格在国内市场会相对升高,可能导致进口量和贸易额下降。

价格因素也是影响贸易额的关键。2023年,全球葡萄酒市场价格受到通货膨胀压力、生产成本上升等因素影响,价格普遍上涨(见图2-7)。这使得中国进口葡萄酒的成本增加,在进口量下降的情况下,贸易额也随之下降。同时,政策因素对葡萄酒贸易额的影响也不容忽视。如中国对进口葡萄酒的关税政策、质量监管政策等,都会影响进口葡萄酒的市场竞争力和贸易额。

在出口方面,由于中国葡萄酒出口量较小且缺乏高附加值产品,出口额相对较低。尽管2023年出口量有所上升,但出口额数据未单独列出,这反映出中国葡萄酒在国际市场上的价格竞争力和品牌影响力有待提高。

第五节　各类葡萄酒国际贸易的态势和竞争格局

2023年，在全球葡萄酒国际贸易中，瓶装葡萄酒（<2升）占全球葡萄酒总出口量的53%和全球葡萄酒出口总额的67%，但与2022年相比，出口量下降了9%，出口额下降了6%；起泡酒的贸易量下降了4%，但贸易额增长了1%，占出口总量的11%和出口总额的25%；盒装（BiB）葡萄酒在全球出口总量中所占的份额为4%，在全球出口总额中所占的份额为2%，出口量下降了4%，出口额保持稳定；散装葡萄酒（>10升）出口量下降了4%，出口额下降了10%，占全球葡萄酒出口总量的33%，但仅占葡萄酒出口总额的7%（OIV，2024a）。

中国葡萄酒在国际贸易中，瓶装酒占据主导地位，占进口量的61%，均价5.2欧元/升，其中法国葡萄酒占比最高。散装酒进口量下降18%，主要用于国产酒的贴牌生产。

中国在各类葡萄酒国际贸易中面临不同的竞争格局。在瓶装葡萄酒领域，中国面临来自法国、意大利等传统葡萄酒强国的激烈竞争，这些国家拥有悠久的酿造历史、知名的品牌和成熟的市场渠道，占据了高端瓶装葡萄酒市场的主导地位。中国瓶装葡萄酒在国际市场上以中低端产品为主，品牌知名度和产品附加值相对较低。

起泡酒方面，虽然中国起泡酒产业近年来有所发展，但与法国香槟、意大利普罗塞克等国际知名起泡酒产区相比，在技术、品牌和市场份额上仍有较大差距。盒装葡萄酒和散装葡萄酒方面，中国的出口量和市场份额较小，在国际市场上的竞争力相对较弱。然而，随着中国葡萄酒产业的不断发展和品质的提升，在一些细分市场和新兴市场，中国葡萄酒也开始崭露头角，逐渐提升自身的市场份额和品牌影响力。

葡萄酒在中国有着悠久的历史，改革开放以来，葡萄酒现代化生产取得了跨越式发展，如今中国已经形成了11个各具特色的葡萄酒产区，生产遍及全国26个省、自治区、直辖市，主要产区分布在山东、河北、宁夏、新疆和甘肃等地区。2023年，全国酿酒葡萄栽培面积约158.8万亩（根据各产区公开数据整理），带动约150万人就业，获得生产许可证的企业有1885家。葡萄酒产业是少有的能够联结第一、第二和第三产业的产业，对西部地区乡村振兴和社会发展具有举足轻重的作用，因而受到党和国家领导人的关注。

对中国葡萄酒产业而言，2023年是充满挑战和机遇的一年。中国在世界葡萄酒产业中，在葡萄种植面积、消费量等方面拥有一定优势，但在产量和国际贸易方面仍面临挑战。中国葡萄种植面积虽位居世界第三，但部分产区面积的波动反映出产业布局需进一步优化。葡萄酒产量下降明显，对国际市场供应和国内供需平衡产生影响，产业需加快从产量型向质量型转变。葡萄酒消费量与国际主要市场相比存在差距，但不同群体的消费偏好为产业发展提供了方向。葡萄酒国际贸易中，进口量和贸易额下降，出口量虽有上升但规模较小，各类葡萄酒在国际市场的竞争格局也对中国葡萄酒产业提出了更高的要求。

未来，中国葡萄酒产业应加强产区规划和建设，提升葡萄种植和葡萄酒酿造技术水平，注重品牌培育和市场推广，满足不同消费群体的需求，积极应对国际贸易挑战，从而在世界葡萄酒产业中占据更有利的地位，实现产业的可持续发展。

第三章

中国葡萄酒产业发展外部环境

2024年，中国葡萄酒产业面临复杂多变的外部环境。全球经济复苏步伐不均、地缘政治冲突对国际贸易的影响、国内消费市场结构性调整，以及"双碳"目标下的产业转型要求，均对行业发展产生深远影响。在此背景下，深入分析政策环境、技术进展、市场需求及国际竞争格局，对把握产业发展方向、优化资源配置、提升国际竞争力具有重要意义。

第一节　政策环境

政策是中国葡萄酒产业发展的重要支撑，在产区建设、行业规范、资金扶持等方面发挥关键作用。了解政策环境，有助于产业把握发展机遇，应对当下复杂的市场竞争与多变的消费需求。

一、法规条例保障产区发展

各地重视葡萄酒产业规范化与特色化，以立法推动产业发展。2023年，《秦皇岛市碣石山葡萄酒产区保护条例》出台。该条例经秦皇岛市第十五届人民代表大会常务委员会第十八次会议通过，河北省第十四届人民代表大会常务委员会第四次会议批准，从2023年9月1日起施行。秦皇岛作为葡萄酒重要产区，此条例涵盖产区规划、葡萄种植、质量监管、地域保护及产业融合等内容。如规定市、县（区）政府设专项资金扶持葡萄基地建设与品种研发，严控酒庄建设用地比例，禁止在种植区保护范围内开展污染及影响产业发展的项目，为产区可持续发展提供法律支撑，助力产业提升产品品质、培育优质品牌。

2024年，宁夏回族自治区修订《宁夏回族自治区贺兰山东麓 葡萄酒产区保护条例》。贺兰山东麓是重要葡萄酒产区，修订后条例共7章55条，覆盖葡萄酒全产业链，包括种质资源保护、种植、产品开发、品牌培育、销售等。修订突出五大特色：产区保护与产业发展融合，设"发展与促进"专章强化保障；保护范围全域化，突破地理标志产品保护产地限制，利于统一规划；酒庄基地一体化,以立法明确发展模式,保障基地空间;构建新质生产力体系,涵盖标准、防控、检测、质保、溯源五大体系,推动全链升级;突出品牌建设制度化,将相关成果以制度形式固化,推动产区品牌牵引、产品品牌支撑双驱动,进一步打响品牌知名度。这些修订契合宁夏葡萄酒产业需求,推动当地葡萄酒产业高质量发展。

二、产业标准化规范助力绿色转型

截至2024年,葡萄酒产业已出台多项法规与标准。已建立2项国家推荐标准、8个行业标准,覆盖生产、品鉴、质控、病虫害检测等环节。GB/T 40003—2021《感官分析 葡萄酒品评杯使用要求》规范品酒酒杯材质、形状、尺寸,提升品鉴的准确性与可比性。GB/T 44874—2024《葡萄酒产地识别技术导则》于2025年5月1日实施,整合地理标志、土壤分析等技术,实现产地溯源,保护产区品牌、强化市场规范。

行业标准亮点突出。QB/T 5889—2023《葡萄酒行业绿色工厂评价要求》从资源节约等维度为企业打造绿色工厂提供评价指标与指南,推动行业绿色转型。NY/T 274—2023《绿色食品 葡萄酒》明确绿色葡萄酒要求。NY/T 4246—2022《葡萄生产全程质量控制技术规范》把控全流程质量。BB/T 0018—2021《包装容器 葡萄酒瓶》规范酒瓶标准。SN/T 5386—2021《葡萄灰皮诺病毒检疫鉴定方法》提供病毒检疫鉴定方法。NY/T 3628—2020《设施葡萄栽培技术规程》、NY/T 3640—2020《葡萄品种鉴定 SSR分子标记法》、NY/T 3785—2020《葡萄扇叶病毒的定性检测实时荧光PCR法》分别在设施栽培、品种鉴定、病毒检测方面提供技术支持。此外,GB/T 15037—202X《葡萄酒质量要求》报批稿征集意见完善质量标准体系。这些标准推动产业标准化、规范化、科学化发展。

三、专项资金激发活力

国家设立葡萄产业技术体系,中央财政、农业农村部每年投入研究经费,汇集葡萄栽培、品种、植保、农机等，在主产区建立26个综合试验站，开展农机研发、栽培模式遴选、品种选育等多学科协同攻关。

2023年，新疆设3000万元葡萄酒产业发展专项资金，制定管理办法，从品牌培育、市场开拓等多方面扶持产业。同年，宁夏财政厅与贺兰山东麓葡萄酒产业园区管委会联合发布财政支持政策，对规模以上且设销售公司的酒庄（企业）按销售额的5%奖励，最高500万元。《贺兰山东麓葡萄酒产业高质量发展项目支持实施细则（试行）》从八个方面支持园区基础设施、基地建设，对产业短板及急需领域给予资金支持。同时印发的《贺兰山东麓葡萄酒产业贷款贴息项目实施细则》按不同标准贴息，激发市场主体投资动力。

烟台市委、市政府重视葡萄酒产业，2021年设葡萄酒产业发展专项资金及实施细则，从基地建设、产业聚集等4大领域、13个方面支持葡萄酒产业发展，在2022—2024年持续开展项目评审、兑现资金，覆盖6个区市，极大地激发了产业发展的活力。

第二节　技术环境

在全球葡萄酒产业竞争日益激烈的当下，技术成为推动中国葡萄酒产业发展的关键力量。从葡萄种植、葡萄酒酿造，到包装和检测环节，技术的进步贯穿整个产业链，深刻影响着中国葡萄酒产业的格局与未来走向。

一、葡萄种植技术

（一）智能精准种植的广泛应用

中国葡萄酒产区积极引入物联网（IoT）与传感器技术，提升葡萄种植的精准度。在宁夏贺兰山东麓、新疆石河子等主要产区，部分葡萄园里部署了土壤湿度、温度、光照以及CO_2浓度传感器。这些传感器与气象站数据实时交互，为种植者提供葡萄植株生长环境全面且实时的信息，构建精准的监测网络。通过混合分类器与IoT传感器融合的病害预测模型,对常见的白粉病、霜霉病预测准确率均超过98%,提前为病虫害防治提供科学依据,减少农药使用,保障葡萄品质。

无人机与卫星遥感技术也在葡萄种植中发挥重要作用。无人机搭载多光谱相机,定期对葡萄园进行巡查。利用语义分割模型和点云分析技术,能够快速发现葡萄植株的病虫害迹象、营养缺失区域。比如,当葡萄植株缺乏氮元素时,无人机可以精准定位发黄的叶片区域,为精准施肥提供依据,提高肥料利用率,降低生产成本。卫星遥感则从宏观角度监测葡萄园内的整体生长状况,为种植规划提供数据支持。

精准化管理与绿色防控技术不断发展。根据土壤健康状况,种植者被分为不同群体,这有助于有针对性地推广保持土壤健康的实践方法。例如,利用YOLOv7实时检测技术,精准识别葡萄病虫害,将农药精准喷洒在受感染的叶片上,减少农药使用量。同时,通过树冠管理、遮阴和修剪等措施,缓解葡萄植株的热应激,提高水分利用效率,确保葡萄果实品质。热成像技术还能帮助种植者在早期检测葡萄霜霉病,为及时防治争取时间。

(二)基因编辑与品种改良

运用CRISPR-Cas9基因编辑技术,深入挖掘葡萄基因潜力。已确定VpWRKY2和VaMYB44等转录因子在提高葡萄植株耐低温方面的关键作用,通过增强这些关键基因的功能表达,成功培育出耐低温葡萄品种,扩大了葡萄种植区域,让北方寒冷地区也能种植出优质葡萄。

面对全球气候变化,抗逆品种选育成为重要课题。一方面,营养繁殖导致遗传资源受限,种质多样性衰减;另一方面,现代基因组学技术为突破遗传瓶颈提供了可能性。研究发现葡萄芽的冰冻耐受性与采样前的空气温度密切相关。利用这一规律,结合从头测序和再驯化历史解析等技术,加速选育适应气候变化的葡萄新品种。部分新品种已在试点产区进行种植试验,表现出良好的抗逆性和果实品质。

（三）可持续种植实践的推进

消费者对有机、绿色葡萄酒的需求促使中国葡萄酒产区大力推广生物动力法种植。部分葡萄园采用生物动力法，遵循自然规律进行种植管理。通过堆肥、绿肥等方式改善土壤肥力，减少化学肥料的使用。同时，利用生物防治手段控制病虫害，如释放有益昆虫捕食害虫，打造健康的葡萄园生态系统。乳酸菌在有机和生物动力葡萄酒中不仅贡献了令人愉悦的气味，还为葡萄酒增添了独特的风味和营养。

碳足迹监测成为酒庄可持续发展的重要举措。部分酒庄引入区块链技术，追踪葡萄种植的碳排放，详细记录从葡萄种植、采摘、酿造到运输等各个环节的碳排放数据。通过种植覆盖作物、使用太阳能灌溉设备、优化酿造工艺等方式，减少碳排放，实现碳中和目标。例如，某酒庄在葡萄园安装太阳能板，为灌溉系统提供动力，大大降低了电力消耗带来的碳排放。

二、葡萄酒酿造技术

（一）精准发酵控制技术的发展

AI驱动的发酵监测系统在国内酿酒厂得到广泛应用。通过机器学习算法对发酵过程中的温度、糖度、pH值等数据进行实时分析，能够精准预测最佳发酵终点。美国纳帕谷的酿酒厂采用AI系统提升品质稳定性的经验为中国提供了借鉴，国内多家酒庄引入类似技术，有效减少批次间差异，保证葡萄酒品质的一致性。

冷驱动策略作为创新的发酵前技术，通过冰酒、浆果冷冻、冷浸渍、低温浓缩等冷技术，实现化合物的差异化提取，使葡萄酒富含高含量的酚类和芳香族化合物，增强葡萄酒的独特风味。西北农林科技大学李华教授主持的项目构建了自然葡萄酒极简化生态生产体系，阐明了葡萄—葡萄酒统一连续体的自然微生物群体动态变化规律，制定了科学的生产工艺规程，简化酿酒过程，降低成本，同时提升了葡萄酒的质量和风土特征。

非酿酒酵母的应用为葡萄酒风味带来新变化。除传统酿酒酵母外，耐热克鲁维酵母（Lachancea thermotolerans）等非酿酒酵母被用于增强葡萄酒的复杂性和酸度。研究发现，不同非酿酒酵母在发酵过程中对葡萄酒的风味、抗氧化能力等方面有不同影响。例如，圆孢子虫X01在降解氨基甲酸乙酯方面表现出色，而葡萄有孢汉逊酵母（Hanseniaspora uvarum）的不同菌株能增加红葡萄酒的芳香强度、改善香气多样性和味道特性。通过宏基因组学技术分析葡萄园和酒窖的微生物群落，优化酿酒环境，利用特异性噬菌体精准消杀有害细菌，减少传统二氧化硫的使用，降低过敏风险，提升葡萄酒的安全性。

（二）低碳酿造技术的探索

为响应绿色发展理念，葡萄酒酿造行业积极探索低碳酿造技术。氮浸渍替代碳酸浸渍技术试验成功，研究表明，采用氮浸渍（NM）的葡萄酒中多酚和花青素浓度较高，尤其是在佳美（Gamay）品种中表现突出。该技术不仅能够提升葡萄酒品质，还具有环境可持续性，为新型葡萄酒酿造提供了新方向。

新型发酵罐采用真空隔热材料和热回收系统，能有效降低能耗。部分产区尝试"干式酿造"技术，通过高压萃取葡萄汁，减少水资源消耗。虽然"干式酿造"技术仍处于试验阶段，但它展示了葡萄酒酿造在资源节约方面的潜力，有望推动行业朝更环保的方向发展。

三、葡萄酒包装技术

（一）环保包装材料的应用

轻量化玻璃瓶在国内葡萄酒包装领域逐渐普及。欧洲玻璃制造商推出的轻量化瓶（重量减轻20%）为中国葡萄酒包装提供了参考。国内部分酒庄采用轻量化玻璃瓶，如法国香槟区部分酒庄采用350克酒瓶（原为500克）的做法被借鉴，有效减少运输排放。同时，植物基瓶塞（如甘蔗纤维）、可回收铝罐等环保材料受到关注，美国"Packamama"公司的扁平可回收葡萄酒袋也启发国内企业探索包装减塑的途径，推动葡萄酒包装朝绿色环保方向发展。

（二）智能包装与溯源技术的进步

智能标签和区块链+NFC技术为葡萄酒产品赋予了"数字身份证"。消费者通过手机扫描标签，可获取葡萄酒的产地、酿造工艺、碳足迹等详细信息，增强产品透明度和可信度。部分高端葡萄酒采用变色标签，当在运输或储存过程中温度超标时，标签颜色永久改变，提示消费者葡萄酒品质可能受到影响，为产品质量提供了额外保障。

四、葡萄酒检测技术

近红外光谱（NIRS）和拉曼光谱技术在国内葡萄酒检测实验室广泛应用，能够快速分析葡萄酒的酒精含量、残糖量及酚类物质，检测时间从小时级缩短至分钟级，大大提高检测效率。美国宾夕法尼亚州立大学开发的电子舌技术，在国内也得到研究和关注。电子舌区分味道的准确率超过95%，为葡萄酒风味评估提供客观、精准的数据支持，有助于企业更好地把控产品质量。

中国葡萄酒技术正处于快速发展阶段，从种植到酿造，从包装到检测，各个环节的技术创新不断涌现。随着科技的持续进步，中国葡萄酒产业将借助技术力量提升产品品质，增强国际竞争力，在全球葡萄酒市场中占据更重要的地位。

第三节　市场行为与消费者偏好分析

2024—2025年，西北农林科技大学葡萄酒学院开展了葡萄酒市场实习调查活动。此次调研共收集问卷1700份，经严格筛查，确定有效问卷1687份，有效率达99.24%，为精准剖析消费者葡萄酒饮用习惯提供了可靠的数据支撑。

在1687份调查样本中，男性占比58%，女性占比42%，男女比例接近，由此可见，性别因素对葡萄酒购买意愿的影响并不显著。从年龄分层来看，样本群体主要集中于46—55岁年龄段，这部分消费者通常具备较高的消费能力与较强的消费意愿，是葡萄酒市场的核心消费人群。在收入层面，月收入5000—8000元的消费者占比达52.3%，充分说明中高收入群体依旧是葡萄酒市场的消费主力军。

一、消费者购买决策

接待客人是消费者购买葡萄酒的首要目的,此目的占比达32.37%(见图3-1)。在商务洽谈、家庭聚会等社交场景中,葡萄酒因其优雅的气质和适配多元氛围的特性,常被选为招待宾客的饮品。这一市场需求提示葡萄酒企业,应针对接待需求,推出容量适宜、口感大众化、包装体面的产品系列,以满足不同接待场景的多样化需求。

口味和风格因素在消费者购买决策中占比21.64%,表明超过两成的消费者因追求独特的口感与风味体验而购买葡萄酒。随着葡萄酒文化的不断普及,消费者的品鉴能力逐渐提升,对葡萄酒风味的探索越发深入。因此,葡萄酒企业需持续创新酿造工艺,引入不同品种的葡萄,打造多样化口味与风格的产品,例如清新果香的年轻型葡萄酒或风味复杂、口感醇厚的陈酿型葡萄酒,以吸引注重口感的消费者。送礼需要占比15.59%,是葡萄酒消费的重要驱动力之一。葡萄酒作为礼品,既能够彰显品位,又能承载心意,适合节日、纪念日等送礼场合。葡萄酒企业可针对礼品市场,设计精美礼盒,融入丰富的文化元素,提升产品附加值,以满足消费者在社交送礼方面的需求。14.34%的消费者购买葡萄酒是出于自己日常饮用的目的,这反映出部分消费者会基于个人喜好主动选择葡萄酒。葡萄酒企业可通过举办品鉴活动、开设线上课程等方式,增强消费者对葡萄酒的认知与喜爱,从而培养长期稳定的消费群体(见图3-1)。

酒标和包装在消费者购买决策中占比12.57%,发挥着一定作用。富有创意、美观大方的酒标与包装能够在货架上迅速吸引消费者的目光,这个因素在礼品市场和初次购买场景中表现得更为明显。因此,葡萄酒企业应重视包装设计,使其与产品定位和目标消费群体的审美需求相契合。收藏目的仅占比3.50%,虽然占比较小,但收藏市场仍具有一定的挖掘潜力。葡萄酒企业可推出限量版、年份酒等产品,吸引收藏爱好者(见图3-1)。

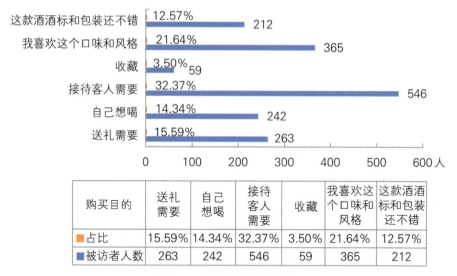

购买目的	送礼需要	自己想喝	接待客人需要	收藏	我喜欢这个口味和风格	这款酒酒标和包装还不错
占比	15.59%	14.34%	32.37%	3.50%	21.64%	12.57%
被访者人数	263	242	546	59	365	212

图3-1 葡萄酒购买目的占比

葡萄酒消费者的购买目的呈现多元化特点。葡萄酒企业需精准定位目标消费群体，从产品开发、包装设计到营销推广，全方位满足不同消费群体的需求，方能在激烈的市场竞争中脱颖而出。

二、影响消费者购买的因素

价格因素在消费者购买决策中占18.55%的比重，处于前列。这表明价格是影响消费者选择的关键因素之一，消费者在购买葡萄酒时，会综合自身预算与产品价格进行权衡，对价格较为敏感。因此，葡萄酒企业应精准定位目标消费群体，制定合理的价格体系，覆盖高、中、低不同价位区间，以满足多元化的消费需求（见图3-2）。

品牌（商标）因素占比15.06%，紧随价格因素之后。品牌在消费者心中代表着产品质量、口碑与形象，知名品牌能够给予消费者信任感与认同感。葡萄酒企业需强化品牌建设，通过提供优质产品与服务，塑造良好的品牌形象，提升品牌知名度与美誉度（见图3-2）。

包装因素占比13.22%，同样不容忽视。精美的包装能够在货架上迅速吸引消费者的目光，尤其是在礼品市场中。葡萄酒企业应在包装设计上投入精力，使其既契合产品风格，又能满足消费者的审美与使用需求（见图3-2）。

口感因素占12.80%，反映出葡萄酒的口感是消费者关注的核心品质。葡萄酒企业要不断优化酿造工艺，丰富口感类型，满足不同消费者对干型、半干型、甜型等口感的偏好（见图3-2）。

产地因素占8.06%，消费者通常会将产地与葡萄酒的品质、风味特点相联系，例如法国波尔多、意大利托斯卡纳等知名产区的葡萄酒备受消费者青睐。

促销因素占8.18%，适度的促销活动，如打折、满减、赠品等，能够有效激发消费者的购买欲望。

年份（陈酿时间）因素占4.09%，在一定程度上影响消费者对葡萄酒品质与口感的预期（见图3-2）。

质量认证、奖章、颜色、甜度、美食搭配、保健价值等因素占比较低，虽然这些因素并非驱动消费者购买的主要动力，但在产品差异化竞争中，仍能发挥独特作用，满足细分市场的特定需求。葡萄酒企业应综合考量这些购买因素，全方位优化产品与营销策略，以期在激烈的市场竞争中占据优势（见图3-2）。

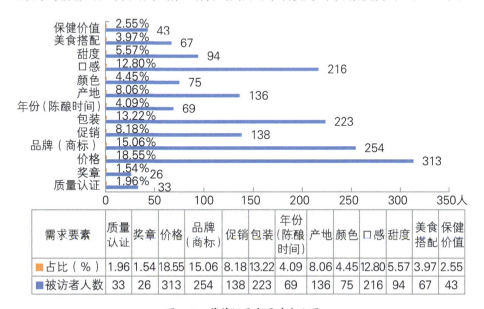

需求要素	质量认证	奖章	价格	品牌（商标）	促销	包装	年份（陈酿时间）	产地	颜色	口感	甜度	美食搭配	保健价值
占比（%）	1.96	1.54	18.55	15.06	8.18	13.22	4.09	8.06	4.45	12.80	5.57	3.97	2.55
被访者人数	33	26	313	254	138	223	69	136	75	216	94	67	43

图3-2　葡萄酒需求要素占比图

三、消费者价格区间需求

在2024—2025年葡萄酒市场实习调研中，数据清晰地呈现了消费者对不同价格区间葡萄酒的偏好分布，为葡萄酒行业从业者制定价格策略、规划产品布局提供了关键依据。

调研结果显示，每瓶（750mL）在"100元以下"价格区间的葡萄酒深受消费者青睐，占比高达42.47%。这意味着近半数消费者在选购葡萄酒时，倾向于选择价格亲民的产品。这类葡萄酒多适用于日常饮用，消费者更加注重性价比。葡萄酒企业可通过优化供应链、规模化生产等手段降低成本，丰富这一价格段的产品种类，例如推出多种口味的佐餐酒，以满足大众日常饮酒需求（见图3-3）。

每瓶（750mL）在"101—200元"价格区间的葡萄酒占比20.19%。该价格段的葡萄酒在品质上有一定提升，能够满足一般性社交聚会、家庭聚餐等稍正式场合的需求。葡萄酒企业可针对这一区间，打造品牌形象鲜明、口感相对丰富的产品，例如选取优质葡萄品种，运用更精细的酿造工艺，提升产品竞争力，吸引对品质有初步追求的消费者（见图3-3）。

每瓶（750mL）在"201—300元"与"301—500元"价格区间的葡萄酒占比分别为11.22%和15.28%。随着价格升高，消费者对葡萄酒品质、品牌、产地及酿造工艺等方面的关注度逐渐提升。葡萄酒企业在此区间应强化产品差异化，例如突出特定优质产地特色，宣传独特酿造工艺，提升产品附加值，以满足消费者对品质与独特性的追求（见图3-3）。

每瓶（750mL）价格在"501—800元""801—1000元""1001—1500元"和"＞1500元"的葡萄酒，占比依次为6.86%、2.70%、0.84%和0.44%，占比随价格上升而递减。这些高价葡萄酒主要面向对葡萄酒有深入了解、追求极致品鉴体验与品牌价值的高端小众群体。葡萄酒企业可推出限量版、珍藏级产品，融入稀缺原料、精湛工艺及深厚文化内涵，满足高端消费者对品质与独特性的严苛要求（见图3-3）。

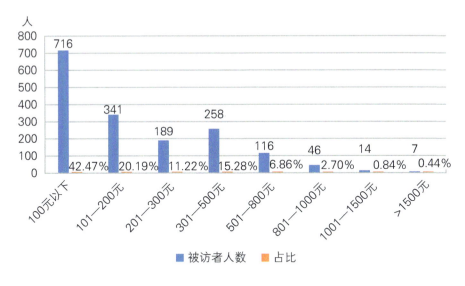

图3-3　葡萄酒价格需求图

消费者对葡萄酒价格接受程度呈明显阶梯分布,企业需依据不同价格区间消费特点,合理定价、精准定位,打造适配各层次需求的产品矩阵,方能在市场竞争中抢占先机,实现稳健发展。

第四节　中国葡萄酒国内外竞争力比较

葡萄酒产业在全球饮品市场占据重要地位,中国葡萄酒产业近年来发展迅速,在国内外市场的影响力逐步提升。2023—2024年,中国葡萄酒在国内市场与国际市场均呈现出独特的竞争态势,深入剖析这一时期中国葡萄酒的竞争力状况,对明确产业未来发展方向及进一步提升竞争力具有重要意义。

一、国内市场竞争表现

(一)市场竞争格局变化

2024年,中国葡萄酒市场在复杂的经济环境与消费升级浪潮下,呈现出国产与进口品牌对峙、区域竞争特征明显的格局。"国产替代"进程加速,进口酒与国产酒在部分省份市场占比已接近5∶5，拉锯战在持续。这一格局受多种因素影响，各品牌与产区凭借自身优势在不同细分市场展开角逐。

1. 品牌竞争：国产发力中端，进口主导高端

国产龙头品牌如张裕、中粮，与法国、澳大利亚等进口品牌形成双极格局。在市场份额方面，虽暂无2024年国产与进口品牌整体份额的权威官方数据，但从行业趋势及部分企业表现可窥见一二。张裕作为国产葡萄酒的领军者，历史悠久，2024年通过持续的技术创新与市场拓展，在国产葡萄酒市场占据重要地位，其产品线丰富，涵盖多个价位段，对国产葡萄酒市场份额的稳定与提升起到关键作用。中国酒业协会在2024中国葡萄酒T6领军企业峰会上提到，张裕、中粮酒业等国产葡萄酒企业为迎合消费群体变化趋势加大创新力度，推出更多符合年轻人口味和审美需求的产品，如带有水果风味的葡萄酒、起泡酒等，更契合国内消费者偏好。同时，国产葡萄酒企业在渠道建设与营销推广上更具本地化优势，能够更精准地触达目标客户，从而在中端市场发挥竞争优势。

进口酒在高端市场占据主导。法国、意大利等传统葡萄酒强国的高端葡萄酒，凭借悠久的酿酒历史、深厚的文化底蕴和成熟的品牌营销策略，深受中国高端消费者青睐。以法国波尔多葡萄酒为例，其在国际市场上享有盛誉，并且在中国高端葡萄酒市场的份额一直较为稳定。尽管澳大利亚葡萄酒受关税等因素影响，在中国市场份额有所波动，但在高端市场仍具有一定影响力。海关总署数据显示，2024年我国葡萄酒进口金额为15.9亿美元，同比增长37.2%，进口量2.8亿升，同比增长13.6%，这表明进口葡萄酒在高端市场的需求仍在增长。

2. 产区区域竞争：核心产区集群化，定位差异化发展

宁夏贺兰山东麓、新疆天山北麓、山东蓬莱等核心产区已形成产业集群，并通过差异化定位提升竞争力。胡润研究院发布的《2024胡润中国葡萄酒酒庄50强》显示，50强酒庄中，位于宁夏产区的酒庄最多，有27家；山东产区位居第二，有7家；新疆产区位居第三，有6家，这体现了这些产区产业集群的发展成果。

宁夏主打"酒庄酒"，强调品质与个性化。宁夏贺兰山东麓产区凭借独特的风土条件，成为众多酒庄的聚集地。这里的酒庄注重葡萄种植与酿造工艺的精细化管理，生产出的葡萄酒品质卓越，多次在国际葡萄酒赛事中获奖。如长城天赋酒庄、龙谕酒庄等，通过打造个性化的酒庄酒产品，满足消费者对高品质、独特风味葡萄酒的需求，提升了宁夏产区在高端葡萄酒市场的知名度与影响力。

新疆突出"生态有机"，契合健康消费趋势。新疆拥有广袤的土地、充足的光照和相对纯净的自然环境，有利于发展有机葡萄种植。中信尼雅酒庄等在新疆产区的企业，严格遵循有机标准进行生产，减少化学农药和肥料的使用，生产出的葡萄酒具有天然、纯净的特点。随着消费者对健康、绿色食品的关注度不断提高，新疆产区的生态有机葡萄酒受到越来越多消费者的认可。

山东侧重"海岸葡萄酒"，结合旅游提升影响力。山东蓬莱等产区位于沿海地区，具有温和的海洋性气候特点，所产葡萄酒具有清新的果香和优雅细腻的口感。山东产区的酒庄如张裕丁洛特酒庄、君顶酒庄等，充分利用当地的旅游资源，开展葡萄酒旅游项目，吸引游客前来参观、品尝葡萄酒，将葡萄酒文化与旅游产业相结合，提升了产区的整体影响力，促进了葡萄酒的销售。

（二）品质提升

在国际葡萄酒赛事中，中国葡萄酒成绩斐然。2023年，中国葡萄酒于Decanter世界葡萄酒大赛中获272枚奖牌，远超2022年的40枚。2024年参赛酒品数量虽减，仍有178款获奖，含5枚金奖、55枚银奖和118枚铜奖。产区方面，宁夏以85枚奖牌领先，新疆获32枚（一金、六银）排名第二，山东获17枚（一金、五银）排名第三，内蒙古凭一款霞多丽获自2018年以来的DWWA铜奖，河北、辽宁、甘肃等产区也有所斩获。

这是对中国葡萄酒品质提升的认可，彰显酿造技术的进步。宁夏多个酒庄获国际有机认证，葡萄种植遵循有机标准，保障原料品质。同时，陈酿技术突破，部分高端产品陈年潜力超10年，提升了国产高端葡萄酒品质与价值，增强了其在国际高端市场的竞争力。

（三）消费认知

据尼尔森IQ发布的《2024中国酒水市场报告》，2024年，葡萄酒线上销售占总销量的35%，较2023年增长8%，社交电商和直播带货成为新兴销售热点。抖音电商葡萄酒交易总额增长19%，其葡萄酒的成交均价为134元。"90后"和"00后"消费者占比达45%，较2023年增长10个百分点。他们更注重个性化、健康化，推动了桃红葡萄酒、白葡萄酒、低酒精和无酒精葡萄酒等产品的发展。2024年，女性消费者占比达到48%，较2023年上升5个百分点，她们更倾向于选择果香浓郁、酒精度较低的葡萄酒，如桃红葡萄酒和起泡酒。年收入30万—50万元的消费群体占比达到40%，平均单瓶价格同比增长20%，他们更愿意为高品质葡萄酒花费更多。同时，餐饮渠道中，国产酒搭配中餐的专属酒单开始流行。葡萄酒企业与餐饮行业合作，针对中餐丰富的菜系与口味特点，推荐适配的国产葡萄酒，如用果香浓郁的国产干红搭配红烧肉等菜肴，提升了消费者在用餐过程中对国产葡萄酒的饮用体验，进一步加深了消费者对国产葡萄酒的认知与喜爱。

二、国际市场竞争态势

（一）出口表现

2023年，中国葡萄酒出口量取得一定增长，达到3.28百万升，同比增长11.62%；出口额略有下降，共37.73百万美元。国产葡萄酒的出口地主要为朝鲜、新加坡、法国等地，文化交流频繁，对中国葡萄酒的接受度相对较高。然而，在欧盟市场的拓展却进展缓慢，欧盟作为传统葡萄酒生产与消费大区，市场竞争异常激烈，当地消费者对葡萄酒品质、风格及品牌有着深厚的认知与偏好。

近年来，国内主要葡萄酒产区以及行业龙头加速出海步伐。宁夏贺兰山东麓产区积极组织酒庄抱团参加国际葡萄酒展会，如德国杜塞尔多夫葡萄酒及烈酒展览会（ProWein）、法国波尔多葡萄酒行业协会举办的Vinexpo等，向国际市场集中展示产区葡萄酒特色，提升了产区在国际上的知名度。张裕作为国产葡萄酒行业龙头，通过在海外建设酒庄、收购国际葡萄酒品牌、拓宽销售渠道等方式，不断扩大国际市场版图。其在法国、西班牙、智利等国家收购酒庄，实现了全球化布局，借助海外酒庄的生产资源与品牌影响力，反向推动张裕葡萄酒在国际市场的销售。这些产区与龙头企业的行动，对国产葡萄酒在国际市场品牌影响力的提升至关重要。国际市场对中国葡萄酒认知度的提升，有望带动出口量进一步增长，而出口量的回升，又能进而促进国内葡萄酒市场回暖，激励国内企业加大研发投入、提升产品品质，形成良性循环，助推中国葡萄酒产业整体发展。

（二）国际认可度

在国际葡萄酒产业的专业语境中，知名葡萄酒经济学者简·安森曾指出："中国葡萄酒产区正通过一系列国际认可，逐步在全球葡萄酒市场构建起独特且具有竞争力的地位，其发展态势值得行业深入关注。"

中国各产区积极投身国际化进程，成绩斐然。2013年，宁夏入选全球"必去"的46个最佳旅游地，之后获全球葡萄酒旅游组织（GWTO）"推荐全球葡萄酒旅游目的地"称号，成为国际葡萄酒旅游领域的亮点区域。烟台凭借卓越表现，先后被国际葡萄与葡萄酒组织授予"国际葡萄·葡萄酒城"及"国际葡萄与葡萄酒城联盟创始成员单位"称号，还被GWTO评为"全球新兴最具潜力葡萄酒旅游目的地"，国际化程度不断加深。2019年，新疆于中国国际酒业博览会上荣膺"世界美酒特色产区"称号，在国际酒业舞台崭露头角。

同时，中国葡萄酒国际分销网络稳步拓展，覆盖国家增至38个，为产品的国际推广与销售筑牢根基，有力提升了中国葡萄酒产业的国际影响力。

（三）竞争挑战

关税壁垒是中国葡萄酒出口面临的一大难题。部分国家对中国葡萄酒仍维持14%~20%的关税，这使得中国葡萄酒在国际市场上的价格竞争力下降。例如，在进入某些欧洲国家市场时，高额关税导致终端售价升高，抑制了消费者的购买意愿。在品牌认知方面，国际市场对中国葡萄酒的认知仍集中于"低价位"区间，消费者对中国葡萄酒的品质、风格缺乏深入了解，难以将其与高品质、高价值相联系。此外，远洋运输过程中，葡萄酒对储存环境要求高，温度、湿度的变化易影响品质，物流成本与品质控制难度通常高于国内运输，增加了中国葡萄酒在国际市场推广的成本与风险。

三、竞争力比较分析

（一）价格优势

在国内中端市场（100—300元价位段），宁夏、新疆等产区产品竞争力强。宁夏贺兰山东麓产区凭借独特的风土条件，葡萄品质优良，在这个价位段能够出产口感醇厚、果香浓郁的葡萄酒。当地的一些酒庄酒，在保证品质的同时，合理控制成本，以亲民的价格面向市场，满足了国内消费者在一般性社交、家庭聚餐等场合的需求。

在国际市场，中国葡萄酒在低价位段有一定优势。一些低价位的中国葡萄酒，在品质上能达到基本的饮用标准，能够吸引对价格敏感的消费者群体，如东南亚、非洲等地区的部分消费者。但在中高价位段，由于品牌与品质认知等因素，竞争力相对较弱。相比法国、意大利等传统葡萄酒生产国，中国葡萄酒在酿造工艺传承、品质稳定性等方面仍需提升，消费者对中国中高价位葡萄酒的品质信心不足，影响了其在国际上高价位市场的竞争力。

（二）品牌认知

国内市场，随着"国潮"兴起及国产葡萄酒品质提升，本土文化认同度不断提升，消费者对国产葡萄酒品牌的信任度逐步增强。像张裕、长城等国产经典葡萄酒品牌，经过多年的市场耕耘，积累了丰富的酿酒经验，产品品质不断优化。同时，它们积极融入中国传统文化元素进行品牌宣传，增强了消费者的文化认同感。一些新兴的精品酒庄，如西鸽、银色高地等，凭借独特的酿造工艺和高品质的产品，也在逐渐赢得消费者的青睐。

然而在国际市场，中国葡萄酒仍处于品牌建设初期。法国、意大利等传统葡萄酒生产国拥有数百年甚至上千年的酿酒历史，其品牌背后蕴含着深厚的文化底蕴。波尔多、勃艮第等产区的葡萄酒在国际上家喻户晓，消费者对这些品牌的品质和风格有清晰的认知和较高的评价。相比之下,中国葡萄酒品牌在国际上的曝光度较低,国际消费者对中国葡萄酒品牌的认知度、好评度远低于这些传统品牌。品牌影响力的不足限制了中国葡萄酒在国际市场的拓展,消费者在选择葡萄酒时,往往更倾向于熟悉的国际知名品牌。

(三)渠道渗透

国内电商和新零售发展迅速,为国产葡萄酒提供了新的销售渠道与推广平台。葡萄酒企业通过直播带货、线上品鉴会等形式,直接触达消费者。一些国产葡萄酒品牌在抖音、淘宝等电商平台上开展直播销售活动,主播详细介绍葡萄酒的产地、酿造工艺、口感特点等信息,消费者可以实时互动提问并下单购买,这种方式极大地提升了产品销量与品牌知名度。

但在国际市场,中国葡萄酒主要依赖传统进出口商,渠道相对单一。中国葡萄酒出口到国际市场后,大多通过当地的经销商、零售商进行销售,缺乏对终端市场的直接掌控力。这导致中国葡萄酒企业难以根据终端消费者的需求和反馈及时调整产品策略,也不利于品牌形象的个性化塑造。例如,在欧美市场,当地消费者更注重葡萄酒的文化体验,中国葡萄酒企业由于无法直接接触终端消费者,难以开展有针对性的文化推广活动,影响了品牌在当地的市场反馈收集和品牌形象塑造。

(四)产品创新

国内中式混酿品类兴起,为葡萄酒市场注入新活力。部分企业将中国本土葡萄品种与国际品种混合酿造,开发出具有独特风味的葡萄酒产品。比如,有的企业将中国特有的山葡萄与赤霞珠等国际品种混酿,酿造出的葡萄酒既有山葡萄的独特果香,又有赤霞珠的醇厚口感,满足了消费者对新颖口感的追求。

在国际市场,中国葡萄酒尚未形成差异化认知。国际葡萄酒市场竞争激烈,消费者对不同产区、品牌的葡萄酒风格特点有明确的认知。法国葡萄酒以优雅复杂著称,澳大利亚葡萄酒以果香浓郁闻名。中国葡萄酒虽然在产品创新方面有所尝试,但这些创新成果在国际上的推广与认知度不足。国际消费者对中国葡萄酒风格特点的印象仍较为模糊,难以将中国葡萄酒与独特的口感和风格联系起来，限制了中国葡萄酒在国际市场的竞争力。

（五）政策支持

国内产区保护政策完善，各地政府通过税收优惠、技术扶持等手段，促进产区发展。以宁夏产区为例，政府出台了一系列政策鼓励酒庄建设，对老园改造、基地建设、参加展会等措施给予支持。同时，对葡萄酒企业实施税收优惠政策，减轻企业负担，促进产业发展。在技术扶持方面，政府组织专家团队为酒庄提供葡萄种植、酿造工艺等方面的技术指导，使得宁夏产区的酒庄数量与规模不断扩大，产业集群效应逐渐显现。

而在国际市场，中国葡萄酒面临较多贸易壁垒。一些国家为保护本国葡萄酒产业，对进口葡萄酒设置了严格的标准和关税壁垒。例如，高额的关税也使得中国葡萄酒在国际市场的价格竞争力下降，限制了产业的国际拓展。

第四章

中国葡萄酒产业发展
重点区域

中国葡萄酒产业在中国多元地理与气候条件下渐次发展，形成多个重点区域。这些区域因各自独特的自然禀赋、历史文化积淀及产业发展策略，在产业格局中占据关键地位。从河西走廊的风沙中孕育出的甘肃产区，到贺兰山东麓凭借独特风土崛起的宁夏产区，再到拥有广袤土地与多样气候的新疆产区等，它们在葡萄种植规模、葡萄酒酿造工艺、品牌建设及市场拓展等方面均展现出鲜明特色。对这些重点区域进行深入剖析，有助于明晰中国葡萄酒产业的发展现状、优势与困境，为产业未来发展方向的研判及策略的制定提供坚实依据，推动中国葡萄酒产业迈向更高发展阶段。

第一节　甘肃葡萄酒产区

甘肃省葡萄酒产区重点分布于河西走廊地区，属西北干旱区葡萄酒亚区，位于甘肃省西北部，地理坐标为北纬36° 46'至40° 12'，东经93° 39'至104° 43'。该区域东起乌鞘岭，西至古玉门关，北依马宗山、黑山、龙首山，南靠祁连山与阿尔金山，因位于黄河以西且形似走廊而得名。其全长约1000千米，宽度从几千米到200千米不等，平均海拔约1500米，覆盖武威、张掖、金昌、酒泉和嘉峪关5个地级市，总面积达27.6万平方千米。

考古发现，敦煌悬泉置遗址出土的汉代简牍（编号Ⅱ90DXT0115③:36）记录有"蒲陶酒"，经碳14测定为公元前65年遗存，这表明河西走廊葡萄种植与葡萄酒酿造历史悠久。西汉时期，汉武帝派张骞出使西域，从大宛（今乌兹别克斯坦费尔干纳盆地）引入欧亚种葡萄及酿酒技术，在凉州（今武威）及周边地区生根发芽，武威迅速成为当时葡萄酒文化的中心。甘肃葡萄酒现代产业发展历经三个阶段：1983—2000年为产业化起步阶段，1985年建成首个现代化酒厂（武威葡萄酒厂）；2001—2015年进入规模扩张期，2012年"河西走廊葡萄酒"获国家地理标志产品保护；2016年至今处于结构调整期。

一、自然特征

（一）气候条件优越

光照资源丰富。产区位于中纬度地区，受季风、高原和沙漠气候多重影响，形成典型干旱及极干旱气候。地处高原与戈壁间，年平均日照时数长达2550—3500小时，远超国内多数产区。葡萄生长关键期（4—9月）日照时数为1374—1866小时，果实成熟期（8—9月）集中至424—617小时，这为葡萄光合作用提供了充足能量。

气温条件适宜。产区平均海拔约1500米，春季升温平缓，可降低葡萄萌芽期冻害风险。夏季炎热，秋季凉爽，昼夜温差平均达15℃，利于葡萄积累风味物质与糖分。冬季寒冷，极端低温可达-20℃，促使葡萄藤深度休眠，减少能量损耗与病虫害风险。产区无霜期约160天，绿洲区年均气温7.6℃至9.3℃，年活动积温超3200℃·d，能够充分满足晚熟葡萄品种成熟需求。

（二）土壤与水资源独特

土壤类型与特性。产区土壤多为灰漠土、灌淤土。葡萄园多位于冲积或洪积平原，以砂质壤土为主，富含钙质，土层深厚、透水性佳，春季升温快，促使葡萄早发芽且生长不过旺，保证葡萄的优良品质。

灌溉水源优质可控。产区位于干旱与极干旱地带，年降水量仅150—200毫米（局部低至37.3毫米），年蒸发量却高达1700—2600毫米，葡萄种植依赖祁连山冰雪融水与地下水灌溉。祁连山冰川和季节性积雪融水提供稳定的纯净水源，搭配现代滴灌与微灌技术，能精准满足葡萄关键生长期水分需求，避免过度灌溉引发的糖分稀释与根系缺氧等问题。

二、产区发展现状

（一）葡萄种植规模

作为中国最早种植葡萄和酿造葡萄酒的地区之一，河西走廊拥有超过2000年的历史文化积淀，但甘肃省葡萄酒产业现代化生产起步于20世纪80年代初。2009年，全省酿酒葡萄种植面积达14万亩，2016年种植面积增至31.01万亩，位居全国第四，产区种植品种超20个，形成了以武威为核心的产业基地。然而，受国际形势的不确定性、国内市场的变化、葡萄种植劳动强度大（尤其是埋土防寒环节需要大量人工投入且机械化水平较低）、种植收益不及制种玉米等其他作物以及极端天气（霜冻、冰雹）导致减产等多重因素影响，种植面积持续下滑。2022年，葡萄种植面积降至约16万亩。近年来，在政策支持与科技投入的推动下，产业逐渐复苏。2023年和2024年，种植面积稳定在接近16万亩的水平，但仍未恢复至2016年高峰水平（见图4-1）。产区种植的葡萄涵盖赤霞珠、美乐（梅尔诺）、黑比诺、品丽珠、蛇龙珠、霞多丽、贵人香、雷司令等20多个品种。甘肃河西走廊产区仍然是全国葡萄酒核心产区之一，并逐渐形成了以武威为核心，张掖、酒泉、嘉峪关、敦煌为纽带的葡萄酒产业基地。

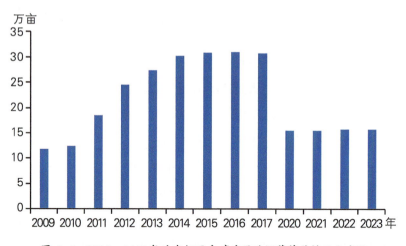

图 4-1　2009—2023年甘肃河西走廊产区酿酒葡萄种植面积变化

（二）产业规模

截至2024年，全省葡萄酒生产企业存续19家，数量虽稳定，莫高、威龙、凉州、祁连、国风、紫轩等品牌已成为全国知名的葡萄酒品牌。2022年，葡萄酒产量2.46万吨，2023年葡萄酒产量1.92万吨，产量下降21.95%，2024年全省葡萄酒产量为2万吨，产量增加4.17%（见图4-2）。产品类型丰富，涵盖干型葡萄酒、起泡酒、冰酒、利口酒及白兰地等。部分企业产品特色鲜明，如莫高黑比诺葡萄酒品质卓越，威龙开创有机葡萄酒新天地，祁连酒业"蛇龙珠新鲜干红"工艺国内领先，"赛美蓉冰白"和"美乐冰红"填补国内空白且工艺国际领先。莫高、威龙等品牌已在全国颇具知名度，莫高股份2023年市值约28亿元，其冰酒和黑比诺系列在高端市场地位重要；威龙股份以有机葡萄酒为核心，2022年有机葡萄酒5192.38千升，2023年有机葡萄酒增长20.04%，达到6232.93千升。随着甘肃葡萄酒产业内部变革复杂，市场竞争、疫情冲击使省内中小型企业经营压力增大，部分企业通过股权转让、业务重组等资产重组方式求发展。

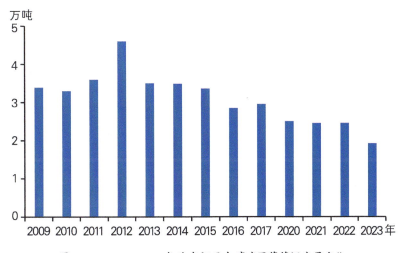

图4-2　2009—2023年甘肃河西走廊产区葡萄酒产量变化

（三）产业政策

甘肃省委、省政府高度重视葡萄酒产业，发布《甘肃省葡萄酒产业发展规划（2010—2020年）》《关于促进全省葡萄酒产业加快发展的意见》，持续出台扶持政策，加强产业规划，推进酿酒葡萄种植基地标准化建设，促进产业融合发展。2021年1月，国家发改委公布《西部地区鼓励类产业目录（2020年本）》，再次把"优质酿酒葡萄种植与酿造"列为鼓励甘肃发展的第一位产业。

同时，甘肃省始终将葡萄酒产业的标准化建设作为发展重点，积极主导并推动相关标准的制定与落地实施。通过多年的努力，河西走廊葡萄酒产区在提升产业整体质量、规范生产流程以及增强市场竞争力等方面取得了显著成效。截至2024年，已先后制定并发布了7项与河西走廊葡萄酒产业紧密相关的地方标准（见表4-1），涵盖酿酒葡萄栽培、机械化作业、产品质量等多个关键领域。特别是于2023年8月23日，新的DB 62/T 2186—2023《河西走廊酿酒葡萄栽培技术规程》发布，并于2023年9月25日起实施。新版本在参考旧版（DB 62/T2186—2011）实践经验的基础上，结合新的行业标准以及当地实际情况，对诸多内容进行了修订和完善，例如对土壤有机质含量、pH值等指标进行了调整，以更好地适应河西走廊独特的土壤条件，进一步规范和指导酿酒葡萄的栽培管理，保障葡萄原料的品质。

表 4-1　甘肃葡萄与葡萄酒地方标准汇总表

标准名称	发布日期	实施日期
DB 62/T 4281—2020绿色食品 河西走廊酿酒葡萄栽培技术规程	2020-12-22	2021-02-01
DB 62/T 4282—2020河西走廊酿酒葡萄机械化栽培技术规程	2020-12-22	2021-02-01
DB 62/T 2187—2011河西走廊酿酒葡萄	2011-11-29	2012-01-01
DB 62/T 2294—2012地理标志产品河西走廊葡萄酒	2012-11-15	2012-12-01
DB 62/T 2387—2013地理标志产品敦煌葡萄	2013-10-08	2013-11-10
DB 62/T 2186—2023河西走廊酿酒葡萄栽培技术规程	2023-08-23	2023-09-25
DB 62/T 4786—2023河西走廊酿酒葡萄园改优技术规程	2023-08-23	2023-09-25

三、产区独特优势

（一）深厚历史文化底蕴

河西走廊是中国葡萄酒发源地之一，酿酒文化可追溯至汉代。敦煌悬泉置遗址出土汉代简牍记录"蒲陶酒"，早于唐代"葡萄美酒夜光杯"800余年。《悬泉汉简（肆）》中记载"宛酒擔二"，若"宛酒"为大宛国葡萄酒的推测成立，将是古代葡萄酒文化的重要发现。武威雷台汉墓出土青铜酒具，如鎏金错银铜樽等，反映了当时饮酒文化与酒器制作工艺的发达，也体现出葡萄酒酿造技术的成熟，葡萄酒在礼仪、祭祀中占据重要地位，在当时形成了完整的文化体系。现代酒庄深入挖掘文化积淀，紫轩酒业将敦煌壁画元素融入酒窖设计；莫高实业、祁连酒业分别推出"莫高窟""月牙泉""丝路窖藏"系列产品,以丝绸之路为背景,将历史IP转化为品牌附加值,提升品牌竞争力与识别度。

(二)丰富土地资源潜力

河西走廊拥有1000多万亩可垦荒地,近期可开发宜农荒地500多万亩、宜林荒地200多万亩。荒地地势平坦、土层深厚,适合葡萄种植。以张掖绿洲荒漠—绿洲过渡带为例,这里阳光充足、气候独特、土壤富含矿物质和微量元素,土质疏松,排水性好,为葡萄生长提供理想环境。随着种植技术进步和现代化灌溉系统投入,该过渡带成为葡萄酒产业的战略发展区域,未来土地开发将扩大葡萄种植面积,吸引更多企业入驻,推动产业规模扩大和市场拓展。同时,产区发展与黄河流域生态保护和高质量发展紧密相连,具有重要生态与文化意义。

四、存在的问题

(一)成本与种植规模

劳动力成本上升、生产资料价格增加,使河西走廊酿酒葡萄种植成本攀升。农户种植积极性受挫,部分转种其他经济作物,导致酿酒葡萄栽培面积缩减。种植成本高、收购价格低、机械化和规模化生产水平低是减产主因。

(二)市场与品牌困境

国内葡萄酒市场集中度高,张裕、长城等四大品牌在品牌影响力、营销、融资等方面优势巨大,占据超一半市场份额。国际品牌崛起也严重挤压河西走廊葡萄酒市场份额。部分地方酒企采取价格促销、仿制等恶性竞争手段,影响产业集聚效应,削弱品牌核心竞争力。

(三)资金投入短板

尽管产区气候和土地资源良好,但资金投入不足制约产业发展。莫高实业虽起步早,但在发展理念、宣传、人力等方面与张裕差距大。其他地方酒企成立时间短,发展周期有限,技术和基地建设有进展,但因资金缺乏,整体发展未达预期。

（四）科技支撑薄弱

产区虽掌握部分葡萄栽培与酿造技术，但关键技术问题待解。冬季葡萄藤埋土防寒难题突出，当地缺乏特色葡萄品种，现有引进品种不能完全适应气候，导致葡萄风味和产品个性化不足。葡萄种植机械化程度低，影响种植效率与葡萄品质提升。

（五）销售与营销缺陷

河西走廊葡萄酒销售依赖商超、餐厅和烟酒专卖店，渠道单一，葡萄酒与白酒混售忽视消费群体和场景差异。部分消费者对葡萄酒存在高端复杂的心理认知，导致其普及率较低。产区内葡萄酒生产经销企业缺乏专业营销人员，省内高校相关专业招生规模有限、课程基础薄弱，市场营销和品鉴培养不足，难以对接市场需求。

（六）产业集聚不足

产业未形成强大集聚效应，企业多"单打独斗"，难以塑造产区品牌核心竞争力。企业市场培育意识薄弱，公共品牌效应和市场认可度低，高附加值精品和个性化产品少。葡萄酒产业与文旅产业融合发展滞后，葡萄酒文化培育不足，西北地区葡萄酒文化基础薄弱。

（七）种植技术与灾害影响

河西走廊酿酒葡萄基地在改造中面临架型改造、补植等实际问题，成本高、损失大。基地易受霜冻、冰雹等灾害天气影响，葡萄减产现象突出。

五、发展路径

（一）品牌化与差异化打造

积极建设自主品牌，挖掘产区独特风格，构建子产区，研究葡萄品种特色与酿酒工艺。通过举办国际葡萄酒大赛、品牌推广活动，提升知名度。在品种、工艺和包装上实现差异化与层次化，开发多元产品，满足不同消费者需求，将产区葡萄酒文化融入包装。利用地理标志保护和历史文化优势，加大葡萄酒文化普及力度，打造产区IP与个性品牌，如借助"葡萄美酒夜光杯"等元素举办文化节。

（二）技术创新与现代化推进

政府通过农业补贴支持老园改造，引进并研发种植机械，完善农机配套，推动种植机械化。借鉴省内农产品保险政策，建立酿酒葡萄种植业保险制度，降低种植户风险，如应对产区易遭遇的灾害天气。

（三）市场拓展与精准营销实施

产区企业锁定特定消费群体，寻找市场细分后的精准营销模式，拓宽销售渠道。举办葡萄酒品鉴会和食物搭配活动，吸引高端消费群体。进行国际化拓展，借鉴国外产区先进经验，规范葡萄酒标准体系和产区管理制度，完善法律法规与管理监督机制。例如，部分品牌已成功进入日本、马来西亚等市场，未来可进一步拓展国际市场。

（四）产业融合与集群化发展

推动葡萄酒产业与生态建设、文化旅游深度融合，引导资源向产业集聚，从而促进产业升级。开发葡萄酒旅游带，开展酒庄度假、美食美酒品鉴、葡萄园参观等旅游活动。发挥葡萄酒产业链长、关联度高的优势，增强产业集群效应，延长产业链，如举办葡萄酒节促进企业合作交流。

（五）政策支持与资源整合强化

整合甘肃省职能部门、高校和科研院所力量，科学制定产业发展规划，塑造地方品牌和整体形象。如甘肃省商务厅建议产业与生态、文旅融合。加大产业扶持力度，明确产业定位，以新品鉴体系培育消费者葡萄酒饮食文化，如举办葡萄酒文化节提升消费者认知。

六、甘肃葡萄酒企业与产品案例

（一）紫轩企业案例

紫轩钢城浇筑紫色梦想，酿就独特酒香传奇

紫轩酒业有限公司（以下简称紫轩酒业）是酒泉钢铁集团于2005年投资兴建

的全资子公司，位于甘肃省嘉峪关市，地处世界酿酒葡萄的"黄金地带"——河西走廊。依托戈壁滩的自然优势和酒钢集团的工业基因，紫轩酒业自成立以来，秉承"创新为核、绿色发展"的理念，推动酿酒行业的创新与发展。

1. 传承创新：将工业基因注入酿酒领域

紫轩酒业自2005年启动建设，利用酒钢集团的创新理念，采用现代化技术和设备构建生产线。2009年，紫轩酒业通过OFDC和IFOAM双重认证，建立了2.5万亩有机葡萄庄园，实行"零农药、零化肥、零添加"的生产标准，将戈壁荒漠转化为优质葡萄种植基地。紫轩酒业复刻酒钢集团的"设备硬核+数据软核"模式，通过智能温控系统，建设亚洲最大单体地下酒窖（1.37万平方米），实现传统酿酒工艺与数字化技术的融合。这种跨领域的创新使紫轩有机赤霞珠获得亚洲质量大赛金奖，树立了甘肃酒业的品质新标杆。2009年，时任中共中央政治局常委、全国人大常委会委员长吴邦国视察酒庄，并题词"紫轩酒业"，进一步提高了品牌的知名度。

2. 品类布局：引领甘肃葡萄酒行业标准

紫轩酒业是甘肃省首家通过ISO9001/HACCP等四大国际认证的酒企，建立了从葡萄种植到酒瓶灌装的全流程质量控制体系。借助河西走廊的地理优势和戈壁砂质土壤，紫轩酒业以梅尔诺、赤霞珠干红为核心，形成了多样化的产品线，并着力发展稀缺品类。紫轩酒业采用冰酒工艺，利用-8℃自然结冰的威代尔葡萄，创新"柔性取汁"和"低温发酵"工艺，使冰酒的出汁率控制在5%以内，酿出了带有花蜜香和清新口感的冰酒。2023年，紫轩酒业的冰白葡萄酒在首届中国国际葡萄酒大赛中获得"大金奖"，成为国产冰酒的品质标杆。

此外，紫轩酒业还引入东北野生山葡萄，通过不锈钢罐低温发酵工艺，酿造出具有"中国血统"特色的利口酒，于2008年荣获亚洲葡萄酒质量大赛金奖。在白兰地酿造方面，紫轩酒业采用法国夏朗德壶式蒸馏器和橡木桶陈酿技术，形成了"果香+陈酿香+橡木香"的三重风味，其XO白兰地于2023年荣获中国国际葡萄酒大赛金奖。此外，紫轩酒业还推出了低醇干红和脱醇葡萄酒，推动了行业的创新发展，并通过雄关酒业推出"峪泉坊"系列白酒，形成了"红酒+白酒"的双轮驱动市场格局。

3. 文化赋能：驱动市场拓展新动力

紫轩酒业将"禀赋自然、尊崇品味"作为核心价值，聚焦全国市场布局，实施"高端引领＋中端支撑"的策略。借助河西走廊丝绸之路的文化底蕴，紫轩酒业将"魏晋风骨"和"长城精神"融入品牌基因，通过"紫轩游"工业旅游和国家级事件营销，提升品牌认知度。公司深度挖掘魏晋葡萄酒文化，复刻古代酿酒器具和丝路驿站场景，打造沉浸式文化体验。此外，紫轩酒业还推出了以"戈壁"系列为代表的酒款，传递品质守护理念。作为国家4A级旅游景区，紫轩酒庄不仅展示了亚洲最大单体酒窖，还结合VR技术重现丝绸之路商贸场景，增强游客的文化体验。

紫轩酒业还通过成为世博会联合国馆指定用酒、神舟九号庆功用酒等标志性突破，提升品牌的国际形象。针对不同市场需求，紫轩酒业推出定制产品，如"闽甘情"等系列，结合线上线下销售模式，拓展全国市场。通过将文化资源转化为消费认同，紫轩酒业强化了品质背书，构建了"紫轩雅集"文化生态圈，进一步促进了品牌的市场拓展。

4. 未来发展：传承工业精神，迈向国际舞台

作为酒钢集团多元化转型的标杆，紫轩酒业传承了"铁山精神"的工业精神与品质追求。在产品工艺上精益求精，严格把控生产环节，确保品质卓越；在品牌营销上，积极探索多元化创新模式，有效提升品牌知名度与影响力。展望未来，紫轩酒业将伴随中国高端葡萄酒行业的发展，在国际舞台上创造更多辉煌。

（二）莫高产品案例

莫高金爵士——黑比诺的中国化表达

这里，是甘肃莫高实业发展股份有限公司（以下简称莫高）在甘肃省武威市莫高生态酒堡的万亩黑比诺葡萄标准化种植园，是莫高葡萄酒起源的地方，也是中国黑比诺起飞的地方。

1. 莫高四十载，再现凉州美酒之神韵

莫高酒庄成立于20世纪80年代初，是原国家轻工业部定点的十家葡萄酒企业之一，肩负着复兴凉州美酒的历史使命。经过40年的发展，莫高酒庄已经成为中国有影响力的葡萄酒企业之一，并且是甘肃省的重要名片。其位于甘肃武威，古称凉州，作为中国葡萄酒的发源地，这里酿酒文化悠久。莫高酒庄在传承古凉州葡萄酒文化的基础上，结合现代酿酒技术，为中国葡萄酒产业注入了新的活力。

莫高酒庄得名于世界著名文化遗产甘肃敦煌莫高窟，象征着一种至高无上的精神境界与永无止境的追求精神。2002年，诺贝尔物理学奖得主李政道品尝莫高葡萄酒后，盛赞其品质，进一步提高了莫高葡萄酒的品牌声誉。莫高酒庄依托其深厚的历史文化底蕴和现代酿酒技术，成功塑造了其独特的品牌形象。

2. 莫高金爵士，彰显黑比诺之魅力

莫高酒庄选用老藤黑比诺葡萄，采用精湛的酿酒技术，经过6个月以上的法国橡木桶陈酿，再经过瓶储，酿制出"金爵士"黑比诺干红葡萄酒。橡木桶熟化工艺赋予了酒体细腻的单宁和优雅的橡木香气，使酒体在与氧气的微量接触中逐渐成熟，成就了这款酒的独特风味。金爵士黑比诺酒的风味体现了莫高酒庄对工艺的严格要求和对品质的无尽追求，是莫高黑比诺系列的经典之作。

3. 莫高金爵士，中国黑比诺从这里起飞

莫高金爵士黑比诺不仅是一款美酒，还是中国葡萄酒产业崛起的象征。随着国内消费者对葡萄酒品质与文化内涵的需求不断提升，莫高金爵士黑比诺的市场前景广阔。莫高酒庄将继续坚持品质与创新并行的发展理念，不断提高产品质量，加强与国际葡萄酒产业的交流合作，推动中国葡萄酒产业的国际化进程。

莫高酒庄还将继续拓展市场，提升品牌的知名度和美誉度，吸引更多消费者关注。同时，莫高酒庄计划在新的市场机遇中不断发展，推动葡萄酒产业的多元化和创新。黑比诺葡萄酒凭借其口感和香气的优势，迎合了中国餐饮文化，而莫高金爵士黑比诺作为中国黑比诺葡萄酒的代表，凭借其卓越的品质和独特的口感，赢得了广泛的市场认可和消费者的青睐。

4.融合营销，引领中国黑比诺消费的新领袖

（1）线下营销

高端品鉴活动：在一线城市高档酒店、会所等场所举办品鉴会，邀请行业专家和高端消费者参与，提升品牌形象。

社区品鉴活动：组织小型品鉴会，在社区普及葡萄酒知识，提升品牌认知度。

餐饮渠道合作：与中高端餐厅和酒吧合作，推出与特定菜品的搭配套餐，增加销量。

高端会员营销：通过会员卡营销服务，提高高端消费者的忠诚度和品牌黏性，提供酒柜、品酒讲解等优质服务。

葡萄酒展会：参加国内外知名的葡萄酒展会，吸引经销商与消费者关注，拓宽市场渠道。

（2）线上营销

社交媒体营销：在微信、微博、抖音、小红书等平台上建立品牌官方账号，发布产品信息和品牌故事，吸引用户关注。

线上互动活动：通过抽奖、品酒挑战等线上活动，提升品牌传播度。

网红合作推广：与美食、美酒领域的网红合作，借助他们的影响力提高品牌知名度。

视频营销：制作产品宣传视频，在视频平台发布，通过优质内容吸引用户观看，传播品牌文化。

莫高酒庄通过线上线下的多元化营销方式，不断扩大品牌影响力，推动中国黑比诺葡萄酒走向更广阔的市场。随着消费者对葡萄酒品质和文化的关注度提高，莫高酒庄的黑比诺系列将继续引领中国葡萄酒消费新趋势，成为中国葡萄酒文化的代表之一，助力中国葡萄酒产业迈向国际化。

第二节　宁夏产区

宁夏贺兰山东麓产区在中国葡萄酒产业中具有重要的地位，"一山一河"形成绝佳小气候。这里日照足、温差大、土壤好，极宜酿酒葡萄生长。当下，产区产业规模壮大，品牌价值提升，屡获国际奖项，产业政策助力发展。凭借自然条件、规模效应、产业体系、产区宣传及生态成果，产区优势凸显。但是，宁夏产区也面临产业竞争力弱、品牌影响力不强等挑战。深入研究产区状况，对明晰产业脉络、突破瓶颈、实现高质量发展具有借鉴指导意义。

一、自然特征

（一）地理位置

贺兰山东麓位于北纬37° 43'—39° 23'，东经105° 45'—106° 47'，处于银川平原西部边缘，西侧的贺兰山山脉绵延200多千米，是阻隔戈壁沙漠（腾格里沙漠）和来自西北寒流的天然屏障。黄河流经宁夏397千米，黄河及其支渠为葡萄的灌溉提供了充沛水源。"一山一河"的存在，稳定了这里的积温，降低了霜冻对葡萄造成的危害，形成了独特的小气候。

贺兰山东麓首批地理标志保护区域主要包括沿贺兰山一线的石嘴山、银川、吴忠（青铜峡）等地。2013年，吴忠市红寺堡区扩入该保护区域。该区域目前包括30个乡镇、20万公顷的土地面积，南北狭长、西高东低，地形多缓坡，因此被形象地称为"一长廊"。根据地理位置和行政区域，这里主要划分为6个子产区，从北至南依次是石嘴山产区、贺兰产区、银川产区、永宁产区、青铜峡产区和红寺堡产区。

（二）气候条件

产区位于温带大陆性干旱与半干旱气候区，全生育期积温（≥10℃）为3400—3800℃，气温日较差为12—15℃，降水量在150—240毫米，全年日照时数为2951—3106小时，无霜期为160—180天。宁夏气候的显著特征是日照时间长，太阳辐射强，降水较少，空气湿度小，气温日较差较大。相较于世界其他一些著名产区，贺兰山东麓气候夏季干热，但春秋季冷凉。

（三）土壤条件

贺兰山东麓位于银川平原的西部，土壤母质主要为冲积物，透气性好，地势相对平坦。该区域土壤以灰钙土为主，占本区域土壤总面积的46%，土层厚度40—100厘米，土壤pH值在7.5—8.5，有利于葡萄根系生长。土壤钾含量高，磷含量较少，有机质含量普遍在10g/kg以下。

二、产区发展现状

（一）产业规模

截至2024年底，全区共有酒庄和种植企业实体261家，酿酒葡萄种植总面积达到60.6万亩，约占中国酿酒葡萄总面积的40%，是中国最大的酿酒葡萄集中连片产区。截至2024年底，产区主栽品种约有20种，这些品种在多种风土条件下，品质均有良好的表现。在全球产区面积减少的今天，贺兰山东麓产区酿酒葡萄种植面积已连续7年增长（见图4-3）。

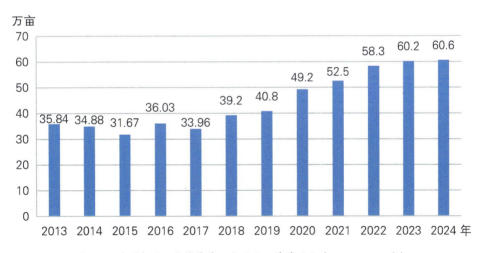

图4-3　宁夏贺兰山东麓葡萄酒产区酿酒葡萄面积（2013—2024年）

数据来源：国家统计局数据和公开资料。

截至2024年底，全区葡萄酒产量1.5亿瓶，约占国产酒庄酒酿造总量的50%，每2瓶国产酒庄酒就有1瓶产自宁夏，产业综合效益达到450亿元。自2016年以来，我区葡萄酒产量迅速增长，2016—2018年保持稳定发展，截至2023年，宁夏葡萄酒产量已连续5年保持增长。2023年，产区赤霞珠葡萄酒年产量最高，约953万瓶，占该产区年生产总量的75.58%，其次是美乐（约101万瓶）、蛇龙珠（约74万瓶）和霞多丽（约65万瓶），分别约占8.00%、5.84%和5.16%。2024年，葡萄酒销售量3760万瓶、销售额21.5亿元，同比分别下降4.5%、增长40.5%。据国家海关数据，全区出口葡萄酒16.63万瓶、出口额1375.56万元，同比分别增长37.81%、42.14%。酒庄接待游客达到300万人次，增长50%；实现综合效益450亿元以上，增长12%。

2024年，"贺兰山东麓葡萄酒"品牌价值330.07亿元，位列"全国地理标志产品区域品牌榜"第七，入选中国品牌十年典型案例和2024年农业品牌精品培育名单。先后有60多家酒庄的葡萄酒在品醇客、布鲁塞尔、柏林等国际顶级大赛中获得1800多项大奖，远销40多个国家和地区，成为宁夏对话世界、世界认识宁夏的"紫色名片"。OIV总干事约翰·巴克认为，宁夏贺兰山东麓是中国葡萄酒复兴的重要一环，宁夏葡萄酒已达世界一流水平。

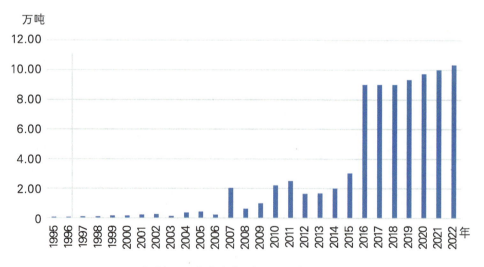

图4-4 宁夏贺兰山东麓葡萄酒产量变化（1995—2022年）

（二）产业政策

2021年，宁夏贺兰山东麓产区获批建设中国首个以葡萄与葡萄酒为特色产业的对外开放综合试验区——宁夏国家葡萄及葡萄酒产业开放发展综合试验区，涵盖贺兰山东麓葡萄酒国家地理标志产品保护区，辐射全区4市14个县（区）。综试区建立以来，举办中国首个以葡萄酒为主题的国家级展会——中国（宁夏）国际葡萄酒文化旅游博览会，目前已连续举办四届。2022年，国际葡萄酒品牌中心在宁夏启动建设，"贺兰山东麓葡萄酒"被列入中欧地理标志互保协定。

产区先后出台《宁夏回族自治区贺兰山东麓 葡萄酒产区保护条例》《推进宁夏国家葡萄及葡萄酒产业开放发展综合试验区建设的政策措施》《关于推进宁夏贺兰山东麓葡萄酒产业高质量发展的财政支持政策》《宁夏贺兰山东麓葡萄酒产业高质量发展"十四五"规划和2035年远景目标》等一系列法规、政策文件，支持葡萄酒产业高质量发展和综试区建设。2013年和2016年先后发布了《宁夏贺兰山东麓葡萄酒产区列级酒庄评定管理暂行办法》《宁夏贺兰山东麓葡萄酒产区列级酒庄评定管理办法》，明确了列级酒庄管理制度，列级酒庄每2年评定一次，实行逐级评定晋升，晋升到一级酒庄后，每10年重新评定一次。据2021年数据统计，目前产区列级酒庄共57家。

2023年，产区印发《加强"三大体系"建设推进葡萄酒产业高质量发展实施方案》。做好产权用地确权登记颁证工作，推动43家酒庄办理了不动产权证书。积极配合促进中国加入国际葡萄与葡萄酒组织，2024年11月，中国正式成为OIV成员国。宁夏加快推进《宁夏回族自治区贺兰山东麓 葡萄酒产区保护条例》的修订工作，2023年正式将之纳入自治区立法计划。2024年3月26日，《宁夏回族自治区贺兰山东麓葡萄酒产区保护条例（修订）》（以下简称《条例》）经自治区第十三届人民代表大会常务委员会第九次会议表决通过，同年5月1日起施行。新修订的《条例》坚持依法依规、体现特色、务实管用的原则，突出实操性、针对性、前瞻性，共7章55条，涵盖种质资源保护、酿酒葡萄种植、新产品开发、品牌培育、市场销售等全产业链，突出五大特色。

三、产区独特优势

（一）自然条件

宁夏贺兰山东麓产区位于宁夏黄河冲积平原和贺兰山冲积扇之间，西有贺兰山作屏障，东有黄河水灌溉，依山傍水，地理条件优越，与法国的波尔多、美国纳帕谷等世界著名葡萄酒产区同处于北纬38°，是业界公认的世界上最适合种植酿酒葡萄和生产高端葡萄酒的"黄金地带"之一。此外，宁夏深居西北内陆高原，属于典型温带大陆性干旱、半干旱气候，与法国、美国、意大利等国部分著名产区有着相同的气候特征。产区干燥少雨，日照充足，热量丰富，昼夜温差大。冲积扇区域多砂石土壤，透气性好，富含矿物质，为优质酿酒葡萄提供了绝佳的生长环境，使种植的葡萄病虫害少，果实成熟充分，还能提高葡萄果实中的糖分、酸度和芳香物质含量，有利于生产高品质葡萄酒。

（二）发展规模

贺兰山东麓产区是中国酿酒葡萄种植集中连片最大、酒庄数量最多、酒庄集群化发展最快的产区，也是中国第一个真正意义上的酒庄酒产区。中国气象局和农业农村部认定产区"酿酒葡萄气象服务中心"为第三批特色农业气象服务中心，中国气象协会给予贺兰山东麓"酿酒葡萄黄金气候带"认证。宁夏葡萄酒产业坚持走酒庄与基地一体化酒庄酒之路，探索中国酒庄酒的发展模式，高端、中端、大众化同步发展定位，与国内其他产区相比，在规模体量、企业数量、产区影响力、品牌认知度、交流合作深度及联农带农富农等方面，都较为领先。酿酒葡萄具有"香气发育完全、色素形成良好、糖酸度协调"等特征。葡萄酒具有"酒体饱满、香气馥郁，糖酸适度、甘润平衡"的典型中国风格和东方特质，比肩世界品质。

（三）产业体系

宁夏坚持用标准引领产业发展，建立了酿酒葡萄脱毒种苗三级繁育技术体系、葡萄酒技术标准体系，先后制定48项技术标准，集成浅清沟、斜上架、深施肥、统防统治及高效节水灌溉等技术，创建了酿酒葡萄栽培"宁夏栽培模式"。

组建综试区专家委员会,建设运行宁夏贺兰山东麓葡萄酒产业技术协同创新中心,被认定为自治区技术创新中心、农业农村部葡萄酒酿造加工技术重点实验室联合建设单位和新型事业单位法人。先后培育国家级农业高新技术企业5家,自治区农业高新技术企业10家、高成长型雏鹰企业2家、科技型中小企业33家、数字酒庄8家,新制定地方标准25项,建设种质资源圃4家,全国酿酒葡萄及葡萄酒90%以上的新技术、新品种在宁夏推广使用。

2024年,国家葡萄酒产品质量检验检测中心(宁夏)获批成立,依托宁夏回族自治区食品检测研究院设立的国家质检中心,在建设宁夏葡萄酒检验检测体系、提升产区葡萄酒产品品质、加强国际交流合作等方面具有重要促进意义。产区大力推进智慧园区建设,搭建全区产业数字化服务平台,实现种植、酿造、灌装等全流程可溯,并为产区企业提供多种服务。贺兰山东麓葡萄酒产业智慧园区运营中心作为数字化支撑特色产业高质量发展案例,在中央电视台新闻频道播出展示。酿酒葡萄和葡萄酒产品碳足迹研究案例成为联合国气候变化大会的交流项目之一。

(四)产区宣传

2023年,银川葡萄酒产业服务中心携手北京国际酒类交易所,助力14家酒庄的43款酒出口澳大利亚,酒品盲品会获好评,开拓了国际市场。2024年,第四届中国(宁夏)国际葡萄酒文化旅游博览会成功举办,全球瞩目,吸引了440多名国内外嘉宾齐聚塞上江南。布鲁塞尔大奖赛主席分享产区故事,宁夏获"全球葡萄酒旅游目的地"称号。同年9月,"葡萄酒也旅行"活动以酒为媒,吸引全民参与。通过发布《2024胡润中国葡萄酒酒庄50强》榜,举办"举杯贺兰山"系列活动,《星星的故乡》热播,邀请"与辉同行"团队来宁推介,顶级中国葡萄酒选鉴等途径,进一步打响产区及产品品牌。酒庄(企业)参加波尔多葡萄酒节、第七届中国国际进口博览会、第十六届香港国际美酒展等活动,6款"国礼"葡萄酒进入进博会中国馆,9款葡萄酒代表中国葡萄酒首次进入欧洲期酒交易市场,先后4次入选国礼,并上线外交部"外供在线"平台,贺兰山东麓产区获天猫评选的"年度最佳中国葡萄酒产区"。

（五）生态发展

葡萄酒产业是典型的生态产业、绿色产业。产区始终践行习近平生态文明思想，坚持走"产业生态化、生态产业化"道路，把发展葡萄酒产业同加强黄河滩区治理、加强生态恢复相结合，持续推进张骞葡萄郡和金山葡萄酒康养小镇基础设施、生态综合治理及配套产业开发等重点项目建设，藤灌草试点项目取得积极进展，大片荒滩地变成"新绿洲"。产区酿酒葡萄的生态系统服务功能的总价值为78.26亿元，其中固碳释氧、节水增效、土壤保持、净化大气和涵养水源的价值之和为1.39亿元。酿酒葡萄种植使40多万亩山荒地变成绿色长廊，加上酒庄绿化和近5万亩防护林建设，大幅度提高了产区植被覆盖率。

四、存在的问题

（一）科技创新水平不足

一是产业基础性研究不够深入。优质耐寒耐旱酿酒葡萄品种缺少；葡萄园管理农艺农机融合水平低、成本高；葡萄酒生产工艺单一，产品同质化，产区风格不够鲜明，多元化新产品研发不够等。二是产学研用协同创新技术能力不强。科研院所与酒庄（企业）在科技攻关和成果转化上融合不够紧密，部分科技成果没有转化为现实的生产力。三是现代产业体系构建科技含量不高。例如产品香气研究数量多，但缺乏科学数据证明；酒庄数字化建设缺乏实操性、功能性；机械化应用普遍存在机械化水平低的困境。

（二）品牌市场宣传不到位

一是产区品牌知名度较高，产品品牌知名度一般。产区在册的葡萄酒产品品牌164个、品类742款，但没有叫得响的核心酒庄品牌和爆款产品品牌，品牌对产品销售的带动效应和品牌溢价未充分发挥。二是品牌宣传创新不够，投入不足。调研结果显示75%的酒庄重生产、轻销售，缺乏专业化的营销队伍、营销平台和现代化营销手段。三是宣传广度深度不够，产业融合度不高。产区葡萄酒与文化旅游资源融合度低，未形成"葡萄酒+吃喝玩游购娱"链条式闭环。

（三）市场营销面临多重压力

一是产品库存量大，企业面临销售压力。产区葡萄酒面临"圈内有名圈外无名""叫好不叫座"的窘境，市场占有率低。最突出的问题就是产品库存大。二是产品价格高，市场竞争不占优势。我区葡萄酒基本根据成本、竞品平行比较、葡萄酒大赛获奖等定价，销售呈现两极分化现象。三是市场营销问题突出，竞争力弱。我区葡萄酒销量仅占全国葡萄酒总量的3.8%，市场占有率低。市场营销环节，在产品营销和品牌推广方面发展后劲不足。精准营销方面，信息化、数字化营销存在短板。

（四）社会化服务体系不够完善

一是社会化服务政策导向不够精准。调查显示，产供销社会化程度较高的酒庄仅30家，占26%，社会化程度不足的酒庄有68家，占59%。二是检验检测服务不够完善。在检测方面，酒庄存在缺少检验技术人员、实验设备，技术水平低，检测内容无法涵盖所有项目等问题。检测机构准确性不够、可比性差、费用过高等，制约了产业链数据分析的效率。

五、发展路径

（一）提升科技创新水平，充分释放发展质量与效益潜力

一是建设国家酿酒葡萄种质资源圃。进一步建设、完善产区国家酿酒葡萄种质资源圃、品种园、采穗圃、繁育圃等，针对产区需求的抗寒品种进行定向研究，争取在抗寒性、品质与产量方面达到最佳平衡。二是发挥葡萄酒产业技术协同创新中心作用。联合区内外高校科研院所开展多种形式的交流合作，聚焦产业链进行全方位的应用基础研究、前沿技术、关键技术攻关。三是提升科技创新能力。加强产区智能化、**绿色化**、融合化技术研究与推广应用。四是坚持标准引领。全面对标国际葡萄与葡萄酒组织现行相关技术标准和相关条例，加快对产区葡萄酒标准体系进行修改完善。五是强化人才引育。研究制定葡萄酒产业中长期人才发展规划，完善系统化产业人才培养体系。

（二）提升品牌价值，打响贺兰山东麓葡萄酒品牌

一是用好国际国内宣传平台。积极拓展国内外市场，通过线上线下相结合的方式，拓宽销售渠道。抢抓中国加入国际葡萄与葡萄酒组织的有利契机，加快开放合作步伐，尽快成立中国葡萄与葡萄酒协会，逐步提升中国葡萄酒国际话语权。二是发挥地理标志品牌影响力。严格管理地理标志、专用标志的申请和使用。三是办好国内国际赛事。创新办好中国（宁夏）国际葡萄酒文化旅游博览会，举办好布鲁塞尔国际葡萄酒大奖赛。积极申请筹办世界葡萄酒大会（OIV大会），通过创新形式、拓展内容、丰富内涵、务求实效，进一步增强产区国际影响力和吸引力。

（三）建设公共服务平台，资源共建共治共享

一是建立健全专业化社会化服务体系。依托宁夏贺兰山东麓葡萄酒产业技术协同创新中心、宁夏食品检测研究院、国家葡萄酒产品质量检验检测中心（宁夏）等，建设葡萄酒检验检测认证中心，建立规范葡萄酒检测体系及品质评价定价体系。二是完善生产管理社会化服务体系。建立奖补激励机制，提升服务保障水平。推动社会资本在有需求产区建立集中灌装、酿酒代加工、成品酒代存储等设施设备，提升服务保障水平，从源头降低成本。三是提升社会化服务能力。建设国家级基础公共服务平台及社会化服务中心，专业化开展托管业务，促进资源合理配置，帮助企业解决实际困难。

（四）创新促进市场营销，多渠道打通销售困境

一是增加多元产品供给。鼓励酒庄企业开发创新型葡萄酒产品，吸引新生代消费者，丰富葡萄酒产品市场。二是优化产品结构布局。顺应国内外葡萄酒市场变化，合理调整葡萄酒产品价格结构，树立宁夏葡萄酒市场新形象。三是多元化推进市场营销。创新营销模式，促进销售。积极参加进博会、糖酒会等国内外知名展会，举办推介活动，精耕京津冀等重点葡萄酒消费市场，拓展有消费潜力的三、四线城市；加大跨界营销力度，与烟草、石油等大型企业联合创新定制款、联名款、纪念款产品。

（五）推动酒文旅融合，充分释放产区优势和潜能

一是做好酒文旅融合发展规划。加快制定《贺兰山东麓葡萄酒文旅融合发展规划》，进一步拓展葡萄酒+教育、文旅、体育、康养、休闲、生态等新业态、新模式。二是实施精品旅游项目。完善葡萄酒精品旅游线路，完善沿线配套设施，全面提升公共服务水平，扩大"全球葡萄酒旅游目的地"知名度。三是加快建设葡萄酒主题产业小镇。加快推进张骞葡萄郡、金山葡萄酒康养小镇、草原荒漠化治理结合产业发展试点项目、图兰朵项目及青铜峡鸽子山葡萄酒文旅小镇、农垦玉泉营葡萄酒历史风情特色小镇等重点项目建设，推动葡萄酒与文旅产业深度融合。四是搭建生态与文创平台，推进葡萄酒与文化深度融合。着力延链、补链、强链，鼓励企业实施葡萄及葡萄籽深加工、葡萄枝条生物利用项目等，支持酒庄（企业）开发葡萄酒衍生品，提升产品附加值和产业综合效益。

六、宁夏葡萄酒企业与产品案例

（一）龙谕产品案例

龙谕：中国葡萄酒行业的璀璨之星

龙谕酒庄由百年张裕公司于2013年斥资8亿元打造完成，整体为拜占庭风格，占地1300亩。如今，其拥有5600余亩高端酒庄酒专属基地，集葡萄种植、高端葡萄酒酿造、葡萄酒文化旅游、葡萄酒主题餐饮于一体，推动三产融合发展。2015年，酒庄获批宁夏首家葡萄酒主题国家AAAA级旅游景区。自开庄起，龙谕便肩负张裕国际化发展新使命，立志打造世界公认的中国高端葡萄酒品牌。酒庄名"龙谕"，"龙"代表中国，是民族精神图腾；"谕"则是向世界宣告，中国能酿出比肩世界名酒的优质葡萄酒。

1. 天时地利，风土独特

一瓶优质葡萄酒，其风味品质主要取决于葡萄品种、土壤及气候条件、栽培管理技术及酿酒工艺。宁夏张裕龙谕酒庄有限公司（以下简称龙谕）坐落于宁夏

贺兰山东麓，这里堪称出产优质酿酒葡萄的"黄金地带"。平均海拔1100米，气候干燥少雨（年平均降雨量100—200毫米），光照充足（年日照时数超过2800小时），昼夜温差达10℃~15℃。贫瘠土壤持水量低、透气性强，促使葡萄藤扎根土壤深处汲取养分，加之黄河水灌溉，产出的葡萄品质优良。

2. 匠心酿造，融合风土与工艺

作为张裕旗下高端葡萄酒品牌，龙谕产品定位千元以上高端市场。它传承百年张裕匠心，发扬创新精神，持续向世界展示中国高端葡萄酒的品质与实力。

（1）好葡萄酒是种出来的

自2006年起，龙谕在宁夏贺兰山东麓发展葡萄基地，形成"酒庄自营+紧密型合同"模式。在银川、青铜峡等地累计投资超过亿元，打造8.26万亩酿酒葡萄基地，带动5000余名当地农民及移民脱贫，推动宁夏葡萄酒产业良性发展。在此基础上，龙谕探索高端葡萄园建设。

葡萄园地块的选择采用"反向验证法"，对各地块单独种植、酿造，依酒质评判原料质量，历经17年，精选出25块共5600亩A级葡萄种植区域。种植时，采用"深沟浅栽"定植技术提高幼苗成活率；以"倾斜水平龙干型"架型，将葡萄结果部位固定在离地面20厘米的"黄金结果带"，确保通风与光热条件；利用"水肥一体化"精准调控，结合当地干旱气候，采取水肥胁迫措施，让果穗松散、果粒变小，提升原酒色泽与果香浓度。

葡萄园践行有机、绿色、低碳理念，使用有机肥，自然生草增加土壤有机质，维持生态平衡。推行病虫害有机防治，借助生态绿化保护有益生物，运用智能拖拉机、无人机等低碳设备，减少碳排放。采收时，葡萄历经藤上初选、手工串选、光学粒选机三级分选，原料品质得到保障。

（2）创新酿造技术

酿酒技术上，龙谕推行"产学研用"联合创新，实现葡萄酒酿造核心技术"中国化"，强化产品风格"差异化"，达成"中国特色、龙谕风格、国际标准、国人口味"的质量目标。

酒庄不仅酿造优质赤霞珠干红，还推出世界首款赤霞珠"红酿白"干白葡萄酒。此酒采用赤霞珠葡萄柔性压榨取汁、多酵母混合发酵，经法国橡木桶陈酿，香气馥郁、口感圆润、酸度清爽、余韵悠长，获国家发明专利，被赞为"来自中国的开创性葡萄酒"。

针对不同地块、批次葡萄，依当年收获情况与气候，优化酿制工艺，在100多个发酵罐中单独发酵。精选国内外优良酵母菌株，自主选育本土微生物，采用三轮微生物分三段温区阶梯式发酵。发酵后的原酒进入30多种不同产区、纹理、烘烤程度的橡木桶陈酿，创新使用中国和北欧橡木桶增添风味。酿造全程精准控制氧含量，调控葡萄酒熟化速度，延长保质期与货架期。

（3）科技赋能品质

龙谕产品走高端、精品、特色化路线，秉持"符合国际食品安全与质量指标、对标国际知名品牌感官标准、满足中国消费者口味"的质量战略。

采用"四步调配法"（初调骨架、细调香气、微调协调性、精调平衡性与完整性），塑造产品"饱满宏大、甘润弥久"的特点。借助风味组学和现代感官分析技术，解析产品风格，提炼关键描述词与指标数据库，强化感官识别度与典型性。例如龙谕12赤霞珠干红，检出368种挥发性化合物，含176种香气物质，鉴别出22种主要香气属性，以黑色浆果和橡木桶香气为主。

龙谕龙12赤霞珠干红作为旗舰酒款，融合新旧世界酿造工艺，旨在酿出酒体宏大、代表中国顶尖技艺的葡萄酒。它在德国Mundus Vini、法国FIWA等国际大赛屡获大金奖，风格"雄浑深邃，甘润弥久"，香气复杂持久，口感醇厚甜美，单宁成熟细腻，酒体平衡，回味悠长。龙谕赤霞珠干白作为创新产品，自2016年上市便在品醇客、布鲁塞尔等国际赛事斩获大金奖或金奖，畅销欧洲1000多个售点，风格"精细优雅，果香清新不失深度"，融合干红醇厚与干白清爽，香气清新优雅，口感清爽柔顺，余味浓郁持久。

2025年3月，在德国杜塞尔多夫"世界酒王"争霸赛中，龙谕龙12赤霞珠干红在全球12个国家顶级酒王的盲品竞技中脱颖而出，以相同的分数，与法国的拉菲、美国的作品一号、澳大利亚的奔富葛兰许等声名显赫的"世界酒王"比肩而立，被评为"世界酒王之王"。

3. 和谐共生，引领未来

十载磨砺，龙谕产品在国内外葡萄酒赛事累计荣获170余个奖项，出口至全球50多个国家。它是进入国内外米其林餐厅、钓鱼台国宾馆等高端场所最多的中国酒庄酒，还成为外交用酒，让全球高端消费者领略"中国味道"，获国内外媒体高度赞誉。

市场方面，龙谕持续圈层营销，推行多股东跨界赋能型经销商体系。每年举办近千场高端品鉴会，吸引1500余人次高端人士酒庄游，吸引高端消费群体目光，打破中国难酿高端葡萄酒的传统认知。目前，龙谕龙12、桶藏赤霞珠干白等千元以上高端产品销售占比超过60%，填补中国顶级葡萄酒品牌空白，满足消费者对高端葡萄酒与品质生活的追求。截至2024年，累计实现销售收入约16.5亿元，缴税2.3亿元，在国内酒庄中名列前茅。

龙谕酒庄还积极探索多元化发展，融合葡萄种植、生产、文化展示、品鉴与旅游观光，年接待游客5万余人次。同时，聚焦数字化转型，实现从种植到销售及消费者互动的全环节信息化管理，首创葡萄酒区块链溯源应用系统。

龙谕酒庄的发展，是人与自然和谐、科技创新与文化传承结合的典范。未来，龙谕将坚守高端路线，引领中国高端葡萄酒走向世界，助力中国葡萄酒行业迈向新高度。"品过世界，更爱中国"，龙谕定将不负所望，让世界钟情"中国红"。

（二）西鸽产品案例

西鸽"藤上藤"：破局中国葡萄酒市场怪圈的营销范本

在相当长一段时间里，中国葡萄酒市场深陷"酿酒易，卖酒难；获奖牌易，做品牌难；定高价易，卖高价难"的怪圈。这究竟是中国葡萄酒的宿命，还是发展道路出现了偏差？宁夏西鸽酒庄有限公司（以下简称西鸽）"藤上藤"干红葡萄酒（以下简称"藤上藤"），用一年时间作出了有力解答。

1. 品质基石：严苛的原料把控与酿造工艺

"藤上藤"作为西鸽酒庄对标国际名庄推出的正牌产品，首批产品出产年份为2017年。其由20多年树龄的"红葡萄品种之王"赤霞珠与"中国特有品种"蛇龙珠混酿而成。

为确保酿造原料的高品质，西鸽种植团队从土壤、微气候、架面管理等多维度，对树龄20年以上的"黄金藤"葡萄园重新定级，最终精选出赤霞珠及蛇龙珠的优质地块。采收前一个月，种植与酿造团队联动，运用西鸽独特而科学的葡萄感官分析系统，以5分体系对各地块、各品种评分，精准确定采收时期，保证葡萄达到最佳成熟状态，如拥有充沛果香、浓郁多汁、回味悠长等特点，力求在"七分原料三分酿造"中让原料拿到满分七分。

酿酒过程中，酿造团队每日分时段多次品尝酒液，精准控制发酵温度，确保萃取精致而精华的单宁，使酒体饱满有劲，口感丝滑细腻。遵循西鸽"3126"酿造法则，陈酿时技术团队依据酒体风格，选择最佳烘烤程度及产地的橡木桶，最大限度展现风土特色与葡萄酒特质。鉴于"藤上藤"酒体高单宁、高酸度、果味浓缩的特质，需与橡木桶长期接触以形成果香与木香的复杂交织，技术团队将橡木桶陈酿时间延长至18个月，最终成就复杂和谐的香气、丝滑且富有层次的酒体，将"藤上藤"的潜力转化为兼具力量感和细腻感的佳酿。

2. 权威认可：专业评分奠定市场口碑

2020年，《葡萄酒倡导家》团队为"藤上藤"打出当年中国葡萄酒最高分94分，称其拥有诸多雪松和木桶香气，丁香、香草、烤吐司、烟熏等与成熟黑色水果融合，伴有淡淡的草本香气。口感浓郁，单宁细腻成熟，赤霞珠果味与橡木桶咸鲜味完美融合，未来10年将进一步发展出复杂性，是中国最具现代风格的干红之一。这一权威评分如同为"藤上藤"贴上了品质卓越的标签，在葡萄酒专业领域与爱好者群体中迅速传播，为其市场推广奠定了坚实的口碑基础。

3. 市场佳绩：高定价下的热销奇迹

2023年4月8日，"藤上藤"正式面市，定价1499元/瓶，限量6万瓶。2024年5月，西鸽"藤上藤（2017）"售罄，成为中国千元价位段以上销量最高的葡萄酒。

2024年，正值中法建交60周年，西鸽受邀参加在法国多维尔举办的第六届中法文化论坛。"藤上藤"等多款佳酿成为指定用酒，庄主张言志借此向中法各界分享西鸽与中国葡萄酒的故事，有力提升了品牌影响力。

西鸽"藤上藤"不仅是代表西鸽最高水准的殿堂级"大单品"，融入中国特色品种蛇龙珠的做法，更体现着西鸽对信念、风土和工艺的极致追求，以及平视世界名庄的底气和自信。

正如西鸽酒庄创立者张言志所言："如何让一个品牌的葡萄酒既有质量，又有产量，还有销量，这是中国葡萄酒要去考虑的问题。这也是为何我们在建立西鸽的时候，把葡萄基地面积和生产设备的先进性放在首要位置，因为以宁夏的葡萄原料的品质酿1万瓶高分葡萄酒不难，但要酿100万瓶高分葡萄酒需要从根本上去打基础。"西鸽"藤上藤"的成功，绝非偶然，而是品质打造、品牌塑造、市场推广与销售渠道拓展等多方面协同发力的必然结果，为中国葡萄酒行业在品质提升、品牌建设与市场开拓的协同发展之路上，提供了极具价值的实践范本与宝贵经验。

第三节　新疆产区

新疆产区凭借独特自然条件，在中国葡萄酒产业发展中占据至关重要的地位。"三山夹两盆"的地形造就多样小气候，适宜酿酒葡萄生长。产区属温带大陆性气候，干旱少雨、日照充足、昼夜温差大，土壤类型多样且优质，高山冰雪融水提供灌溉。目前，新疆产区构建"4+2"产业格局，酿酒葡萄种植面积广，产量位居全国前列，产品丰富，产业政策大力扶持。产区拥有风土、生态、品种、历史文化及文旅资源等优势，但产业发展不均、市场开拓不足等问题制约前行。剖析新疆产区现状、优劣势，能为其探索发展路径、实现产业持续健康发展提供支撑。

一、自然特征

新疆产区的自然条件优越,为葡萄酒产业提供了坚实基础。"三山夹两盆"很好地概括了新疆的地形地貌,由北至南横亘着阿尔泰山、天山和昆仑山,将新疆分为准噶尔盆地和塔里木盆地。塔里木盆地面积约53万平方千米,是中国最大的内陆盆地,中部有中国最大、世界第二大流动沙漠——塔克拉玛干沙漠。贯穿盆地的塔里木河全长约2137千米,是中国最长的内陆河。

准噶尔盆地面积约38万平方千米,是中国第二大盆地。天山东部和西部有吐鲁番盆地和伊犁河谷。吐鲁番盆地的艾丁湖低于海平面154.31米,是中国陆地最低点。新疆现有绿洲面积16.2万平方千米,湿地总面积4.58万平方千米。全自治区内冰川储量2.13万亿立方米,占全国的42.7%,有"固体水库"之称。区内共有河流3355条,多年平均水资源量834亿立方米,其中地表水791亿立方米、地下水43亿立方米,水资源总量约占全国的3%。区内湖泊110条,水面积合计约5500平方千米,其中博斯腾湖面积1019平方千米,是中国最大的内陆淡水湖。

新疆深居内陆,独特的地形塑造了多样的小气候区域,为多种酿酒葡萄的生长创造了条件。

气候方面,新疆属于温带大陆性气候,年均降水量177毫米,全年日照时数达2550—3500小时,无霜期150—240天。昼夜温差大,可达15℃~20℃,有利于果实糖分积累和葡萄品质提升。

土壤方面,新疆土地面积166万平方千米,现有耕地5000多万亩,可开垦土地约3亿亩。部分产区如天山北麓多为冲积平原或洪积平原,土壤以棕漠土、灰漠土和潮土为主,富含钙质,土层深厚且透气性良好,有机质含量在0.2%~0.8%,pH值为7.0—8.2。土壤特征为缺氮、少磷、富钾,有利于葡萄根系生长和养分吸收。

水源方面,高山冰雪融水为葡萄种植提供了优质的灌溉水源,水质纯净,富含矿物质,确保葡萄健康生长,为葡萄酒带来独特风味。

二、产区发展现状

（一）产业规模

新疆已初步形成以天山北麓、伊犁河谷、焉耆盆地、吐哈盆地四大主产区为引领，阿克苏传统慕萨莱思葡萄酒特色产区和南疆三地州葡萄蒸馏酒新兴产区加快发展，以"4+2"产区为主体的葡萄酒产业发展格局。

2023年，新疆产区酿酒葡萄种植面积约30万亩，约占全国种植面积的1/3，居全国第二位，2024年种植面积约有28万亩（见图4-5）。主栽红色品种有赤霞珠、品丽珠、蛇龙珠、美乐、西拉、马尔贝克、小味儿多、法国蓝、烟73等，白色品种有霞多丽、雷司令、贵人香、小忙森、白诗南、白玉霓等，特色品种如马瑟兰、威代尔等也逐渐崭露头角。

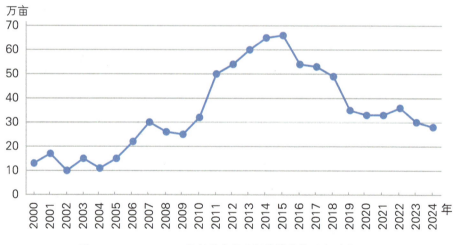

图4-5　2000—2024年新疆产区酿酒葡萄种植面积的变化

产区总生产能力达到55万吨，2023年葡萄酒产量超过12万吨（见图4-6），2024年略有下降，居全国第一位，是全国最大的葡萄原酒生产基地。葡萄酒生产企业及酒庄134家，规模以上企业9家，获得3A级旅游景区认证12家，中国酒庄酒商标审核10家，其中获准使用葡萄酒酒庄酒证明商标4家。经济效益已呈现积极向好态势，如中信国安2022年、2023年销售额分别为270674.76万元、298160.00万元，销售额增长率为10.15%。

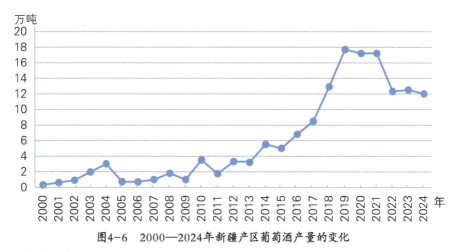

图4-6　2000—2024年新疆产区葡萄酒产量的变化

葡萄酒产品品系齐全、种类丰富，涵盖干红、干白、甜型酒、起泡酒、葡萄烈酒、特色果酒、加强型葡萄酒等7大系列、200多个品种，以及具有传统地域特色的慕萨莱思和葡萄蒸馏酒等产品。

四大主产区及玛纳斯小产区均被授予"世界美酒特色产区"称号。2023法国国际葡萄酒大奖赛上，新疆葡萄酒企业荣获大金奖9个、金奖37个、银奖45个，楼兰、天塞、瑞峰、新雅4家企业以及17个葡萄酒产品通过"新疆品质"区域公共品牌认证。产区拥有"吐鲁番葡萄酒""和硕葡萄酒"两个地理标志产品，以及全国首个酿酒葡萄认证小产区"天山北麓玛纳斯小产区"。2024年度James Suckling中国百大葡萄酒榜单中，新疆葡萄酒产区有17款佳酿入选。特色酒庄在酿造工艺上不断提升，部分酒庄引进了国际先进的酿酒设备和技术，结合本地风土特色，生产出了一批品质优良的葡萄酒产品。

（二）产业政策

"十四五"期间，新疆成立了"自治区葡萄酒产业发展领导小组"，负责制定和组织实施葡萄酒产业发展规划，制定葡萄酒产业发展政策措施，协调解决葡萄酒产业发展中的重大问题。

2021年，新疆发布了《新疆维吾尔自治区葡萄酒产业"十四五"发展规划》和《关于加快推进葡萄酒产业发展的指导意见》，提出到2025年，以天山北麓、伊犁河谷、焉耆盆地、吐哈盆地四大葡萄酒主产区引领发展，推动阿克苏传统慕萨莱思葡萄酒特色产区和南疆三地州葡萄蒸馏酒新兴产区加快发展，形成以"4+2"为主的葡萄酒产业发展格局。

2022年，新疆出台了《自治区关于促进葡萄酒产业高质量发展的若干措施》三十三条，从"加强基地标准化建设""加大产区品牌培育力度""支持企业做大做强做优""加大市场开拓力度""促进产业融合发展""强化科技创新支持力度""提高人才保障水平""强化财税和金融支持"八个方面提出了具体促进措施。

2023年，新疆制定《新疆维吾尔自治区葡萄酒产业发展专项资金管理办法》，设立3000万元/年专项资金支持葡萄酒产业全链条发展，是自治区为促进葡萄酒产业高质量发展而制定的专项政策，旨在通过财政资金引导社会资本投入，推动产业升级。专项资金支持涵盖种植基地建设、品牌培育、市场开拓、科技创新等在内的领域。

2024年，由新疆24家重点葡萄酒生产企业（酒庄）发起并投资组建成立了"新疆葡萄酒产业发展有限公司"，公司将通过逐步整合新疆产区的葡萄种植基地、生产企业、销售渠道、原辅料等资源，形成完整高效的产业链，提升新疆葡萄酒的整体品质和品牌影响力，推动新疆产区葡萄酒产业朝高端化、品牌化、国际化方向发展，通过开展国内外经济技术交流合作，加快推动葡萄酒产业国际化进程，推动新疆葡萄酒产业转型升级高质量发展。

三、产区独特优势

（一）风土条件独特

新疆产区的风土条件独一无二，光照、热量、土壤和水源的组合在世界葡萄酒产区中别具一格。吐鲁番产区高温少雨、强光照和特殊土壤条件，使葡萄果实糖分极高，酿造出的葡萄酒具有浓郁的果香和醇厚的口感；伊犁河谷气候相对凉爽，葡萄生长周期较长，酿造的葡萄酒酸度适宜、口感清新。

（二）生态环境优越

部分葡萄园位于生态环境原始、无污染的区域，如天山北麓部分葡萄园处于"博格达人与生物圈保护区"范围内。在这样的环境下生长的葡萄，较少受到污染，能够酿造出绿色、生态、健康的葡萄酒。

（三）品种资源丰富

新疆不仅种植了大量国际知名的酿酒葡萄品种，还在长期的种植过程中培育和保留了一些适应本地环境的特色品种。这些丰富的品种资源为酿造风格独特的葡萄酒提供了更多选择。红色品种包括赤霞珠、梅鹿辄（美乐）、西拉、品丽珠、佳美、蛇龙珠、小味儿多、烟73。白色品种有雷司令、贵人香、霞多丽、小白玫瑰、玫瑰香。适应本地环境的特色品种有蛇龙珠、威代尔和马瑟兰。蛇龙珠在国内其他产区种植较少，但在新疆能良好生长，酿造出的葡萄酒单宁柔和，果香与花香交织。威代尔成熟晚、酸度高、糖分积累好，在新疆能适应气候条件，常用来酿造冰酒、甜酒，所酿甜型葡萄酒甜度高、酸度平衡、果香浓郁。马瑟兰在新疆也有一定种植规模，酿造的葡萄酒颜色深，单宁丰富，带有黑莓等黑色水果香气以及香料和紫罗兰气息。

（四）历史文化底蕴深厚

新疆葡萄种植和葡萄酒酿造的历史可以追溯到两千多年前，在司马迁的《史记》之《大宛列传》中就有关于葡萄酒的记载。悠久的历史孕育了丰富的葡萄酒文化，丝绸之路的商贸往来更是让葡萄酒文化在这里生根发芽。

（五）文化旅游资源丰富

新疆有5A级景区17家，数量跃居西部第一位，全国第二位。新疆多家葡萄酒庄利用酿酒设备、酒窖、酒庄住宿餐饮设施、葡萄园等发展酒庄旅游，联动酒庄周边景区（点）形成与文旅行业合作共赢的伙伴关系。截至2023年底，新疆获得国家3A级旅游景区认证的葡萄酒庄15家，新疆吐鲁番楼兰酒庄股份有限公司、新疆天塞酒庄有限责任公司2家葡萄酒庄入选了首批"自治区工业旅游示范基地"。

慕萨莱思酒酿造技艺是新疆第一批非物质文化遗产，也是中国唯一与葡萄酒相关的非物质文化遗产。慕萨莱思不仅是西域葡萄酒的始祖，更是中国葡萄酒的"活化石"。其酿造工艺传承千年，于2007年被收录于新疆维吾尔自治区级非物质文化遗产。

四、存在的问题

（一）产业发展不平衡、产业链聚集度和融合度低

新疆产区内不同区域的葡萄酒产业发展水平参差不齐。部分地区基础设施建设滞后，交通、物流等条件不完善，影响了葡萄的运输和葡萄酒的销售；在葡萄种植和葡萄酒酿造技术方面，各产区之间也存在较大差距。

（二）市场开拓不足、品牌意识薄弱、品牌形象缺乏文化烙印

尽管新疆葡萄酒在国际赛事上表现出色，但在国内市场的知名度和占有率相对较低。营销渠道较为单一，品牌建设力度不够，缺乏系统性的市场推广策略。

（三）品种与酒种单一化、同质化，市场定位过高

酿酒葡萄品种单一，葡萄酒产品同质化严重。各酒庄生产主要以赤霞珠、美乐等为原料，主要酿造干型葡萄酒，且干红占比在90%以上，产品同质化严重，缺乏口感、风味特色。

（四）各类专业人才短缺

缺乏酿酒葡萄栽培、酿造工艺研发、精深加工产品研发、检验检测、营销策划和企业管理等专门人才，现有技术人员专业培训不足；产学研协同育人与合作攻关机制不健全。

（五）科技投入不足、产学研融合不够深入

存在酿酒葡萄品种与栽培技术不配套、酿造工艺不完善、产品质量控制技术不健全、产业绿色循环利用率低、产业融合不足、产品多元化不足等问题，制约产业发展的共性是关键核心技术方面攻关不足，科研成果转化应用成效不显著。

（六）产业链不完善

从葡萄种植到葡萄酒销售的整个产业链，存在环节衔接不紧密的问题。葡萄种植与葡萄酒酿造企业之间的合作不够稳定，原料供应的质量和数量难以

保证；葡萄酒的深加工产业发展滞后，对葡萄的附加值挖掘不足。

五、发展路径

（一）强化技术与标准支撑

秉持质量至上原则，借助产学研协同力量。深入探究葡萄原料及葡萄酒品质形成机理，掌握质量控制技术，塑造新疆产区独特产品风格。全面推进酿酒葡萄基地从种植、管理，到酿造、贮藏各环节的标准化建设。同时，加大产学研科技投入，针对品种引进、标准化技术研发等产业共性关键问题开展技术攻关，制定相关标准，为产业发展筑牢坚实技术与标准根基。

（二）优化品种与产品布局

结合产区风土民俗，鼓励高校、科研院所与企业联合开展产学研合作。精准解析各产区优势酿酒葡萄品种，实现品种布局科学化。着力研发具有典型风土特色的差异化酒种，丰富产品体系，提升产区在市场中的竞争力。

（三）大力拓展市场与塑造品牌

积极组织企业参与国内外知名展会，运用赛事营销、文旅营销等多元手段搭建全方位营销平台。全力实施品牌培育工程，从产品、风土、文化等多维度挖掘品牌内涵，打造新疆葡萄酒统一品牌与区域公共品牌，推进地理标志等认证，提升品牌影响力与市场占有率。鼓励高校和科研院所挖掘产区葡萄酒历史文化，将文化元素融入品牌建设，增强品牌文化底蕴。

（四）推动产业深度融合

加速葡萄酒与旅游、康养、教育、生态等产业深度融合。精心设计葡萄酒文化旅游精品线路，打造集种植、采摘、酿造、文化展示、旅游休闲等多业态于一体的田园立体旅游休闲综合体，延长产业链，提升产业附加值。

（五）完善人才与物流保障

支持各类院校培育葡萄酒产业技术创新、企业管理、市场营销等多方面人才，采用多元模式持续培训企业人员，搭建人才交流平台，引进高层次人才，构建高水平人才队伍。加快物流基础设施建设，构建从采摘到销售的一体化综合物流体系，推动面向主要目标市场的物流中心建设，畅通产品流通渠道。

（六）促进区域协同发展

产区内各地加强合作，整合资源，统一规划产业布局。通过产业联盟或行业协会，共同制定行业标准、开展技术交流与联合营销，实现资源共享与优势互补。强化葡萄种植与酿造企业合作，建立稳定原料供应与质量标准体系，完善产业链建设。

六、新疆葡萄酒企业与产品案例

（一）中信尼雅产品案例

中信尼雅"特种膜"，引领葡萄酒产品开创新潮流

千百年来，高温蒸馏技术一直是烈酒生产的核心工艺。在葡萄烈酒领域，该技术通过加热葡萄酒至高温，利用酒精与水的沸点差异实现分离。然而，这一传统方法存在如下缺陷：高温导致葡萄酒中的挥发性香气成分（如酯类、萜烯类物质）大量流失；蒸馏过程需持续加热，能源消耗高，碳排放量大，污水（蒸馏废液）排放和处理压力大，不符合绿色生产趋势；工艺限制使得酒体风格趋同，难以满足消费者对个性化和高品质的需求……随着全球健康消费趋势的兴起，脱醇葡萄酒市场需求逐年攀升，而国际上常用的反渗透技术，因其在生产过程中添加了外源水，不符合中国葡萄酒产品标准要求。

1. 创新突破：中信尼雅引领技术变革

在此背景下，中信尼雅葡萄酒股份有限公司（以下简称中信尼雅）率先突破技术瓶颈，将特种膜分离技术引入葡萄酒的生产过程中，在相对低温条件下对葡萄原料酒进行分离，同时生产葡萄烈酒和脱醇葡萄酒，推出革新性产品"天方夜谭葡萄富集酒"和"尼雅脱醇葡萄酒"，成为行业技术升级的标杆案例。中国工程院孙宝国院士评价"渗透汽化膜法过滤制备白兰地和无醇葡萄酒是颠覆性技术"。

中信尼雅应用的渗透汽化（Pervaporation，PVAP）特种膜分离技术，是一种新兴的膜分离技术。在分离过程中，膜上游物料为液体混合物（葡萄原酒），下

游透过侧为蒸汽（酒精、香气物质等），因为这一过程是由"permeation"（渗透）和"evaporation"（汽化/蒸发）两个主要部分组成，所以合并二词的头尾而称之为"pervaporation"，简称PVAP（渗透汽化或渗透蒸发）（见图4-7）。其分离原理是利用膜对料液中不同组分亲和性和传质阻力的差异实现选择性，以料液某组分在膜上下游化学势差为驱动力实现传质。

图4-7　葡萄酒行业首套渗透汽化特种膜分离技术规模化生产线（原料处理能力1t/h）

2. 产品优势：创新技术铸就卓越品质

中信尼雅在创新成果转化中总结"天方夜谭葡萄富集酒"在产品质量方面具备的三个典型特点：（1）"香气富集"，富集酒更好地保留了葡萄原料酒的香气，研究显示，葡萄原料酒中65%~70%的香气成分能进入富集酒中；（2）"柔顺、饱满、回甘"，传统高温蒸馏新酒通常会表现为入口"爆烈、后味苦"，而富集酒则更加"柔和、甜美"；（3）"100%生物水"，传统高温蒸馏烈酒需要添加外源水降度，而富集酒可在生产过程实现酒精度灵活调节，实现产品含水为"100%葡萄生物水"。尼雅脱醇葡萄酒首先达到了中国葡萄酒产品标准。因为处理技术、温度等条件更加温和，在酒精被脱除的过程中，葡萄酒中的色素、单宁、有机酸、糖类、矿物质等物质被更好地保留。因此，消费者不仅不用担心酒品中的酒精成分带来的影响，还能够更好地感受和欣赏传统发酵葡萄酒的风味。

3.市场佳绩：创新产品备受青睐

中信尼雅"天方夜谭葡萄富集酒"和"尼雅脱醇葡萄酒"近年陆续通过了自治区新产品鉴定，并在2025FIWA法国国际烈酒大奖赛、2023布鲁塞尔国际烈性酒大奖赛、2024 IWSC国际葡萄酒与烈酒等大赛中屡获铂金奖、金奖等殊荣。2024年，两款产品销量突破30万瓶，并呈现显著增长趋势。

4.产业带动：创新驱动乡村振兴

中信尼雅成立28年来，长期坚持科技创新，目前拥有4个国家级科研平台，7个省级葡萄酒科研中心，获得中国首个葡萄酒小产区、国内葡萄酒行业第一个"国家绿色工厂"称号，荣获新疆维吾尔自治区人民政府质量奖等。近年来通过技术创新成果转化开发富集酒、脱醇酒、粒选年份酒、传奇混酿等核心产品，为消费者提供多元化、具备产区风土特色的葡萄酒产品，受到市场好评，为企业创收约4000万元/年，带动周边3000余亩核心葡萄园种植农户增收600元/亩，实现"企业+农户"双赢，积极践行并落实国家乡村振兴战略，以自主创新推动中国葡萄酒产业高质量发展。

在"科技定义风味"的新时代和"双碳"目标与消费升级的双重驱动下，中信尼雅特种膜分离技术的创新研发应用，不仅彰显了国产葡萄酒企业的科技实力，更为全球酒业提供了"中国式创新"的范本。这一案例不仅展现了传统产业突围的科技路径，更预示着中国葡萄酒在全球市场从"跟随者"向"引领者"跨越的可能。

（二）巴保男爵酒庄案例

"中国特色"酿出"黄金果"：张裕打造乡村振兴样本之路

葡萄酒产业对乡村发展有着不可替代的作用。葡萄种植不需占用良田，利用的是贫瘠土地。中国葡萄酒生产主要涉及北方及西南的10余个省、自治区、直辖市，从葡萄酒产业发展的历程来看，葡萄酒产业不仅能够促进土地资源的有效利用、改善农村生态环境、切实有效解决"三农"问题、助力贫困地区脱贫致富、稳边固边，还能满足居民消费需求并扩大消费市场，为乡村带来显著的经济效益、生态效益和社会效益，为国家的乡村振兴战略贡献产业力量。

作为国内市场占有率近35%的葡萄酒领军企业，张裕公司积极履行社会责任，深耕精准扶贫，在全国多个乡村布局酿酒葡萄基地、发酵工厂和酒庄，以葡萄酒产业助力乡村振兴，为当地老百姓解决就业问题，带动农户脱贫致富，为打赢脱贫攻坚战贡献了企业力量。

中国土地类型有国有土地和农民集体所有土地两种，种植葡萄的土地只能是集体所有，不同于欧美国家土地私有，葡萄园多为酒庄或酒厂所有。因此，如何寻找一种适合中国国情、有利于保持优质葡萄质量、保证供应稳定、坚持可持续发展的模式是葡萄酒产业发展的关键。

从2009年开始，新疆张裕巴保男爵酒庄有限公司（以下简称张裕巴保男爵酒庄）在新疆农八师石河子、农六师、伊犁等产区累计建设了12余万亩酿酒葡萄基地，取得了丰硕的成果。新疆土地面积占全国的1/6，农用土地归兵团所有，使得集约化统一管理、优质稳定供应成为可能，另外，新疆产区的气候条件（光照强、降雨少、可灌溉）为优质葡萄原料基地的大规模发展奠定了基础。

1. 建设基地，为乡村振兴贡献产业力量

2009年，张裕公司收购新疆天珠葡萄酒业有限公司，并接收其31222亩酿酒葡萄基地。2010年5月，张裕公司在石河子高新区建设张裕巴保男爵酒庄。2011年，张裕收购新疆将军红酿酒葡萄有限公司，并接收其36696万亩酿酒葡萄基地。其后，张裕公司陆续在第八师和第六师发展酿酒葡萄基地，2012年合同基地面积达到12.09万亩，累计投入基地建设扶持的资金达1200余万元。

（1）创新机制与模式，实现"三赢"局面

在基地建设中，张裕公司作为企业主体，与新疆兵团（团场）签订长期合作协议，建设"合同型"基地，团场下辖的农户转为葡萄基地的产业工人，从而创新了"公司+团场+农户"的基地建设新模式，通过"葡萄基地+发酵中心+酒庄"的产业链条布局，实现了农户增收、团场增加就业和税收、企业获取优质原料（原酒）的"三赢"局面。

（2）创新收购政策，确保基地稳步发展

为稳步发展葡萄基地，张裕对基地葡萄采取"保护价、市场价、优质优价"的综合定价政策，在原料达到质量标准的前提下，不管市场如何变化均要保证收购，且价格不低于"保护价"，确保农户的正常收益。在正常年份，当市场价高于保护价时，则按不低于市场价的价格收购。同时，严格遵循"以质论价、优质优价、分类定价，分类加工"的原则，并开发智能化自动验质系统，有效地保证了基地的良性有序发展。

（3）全程技术支持，提升农户发展内生动力

张裕在为农户提供工作机会的同时，还派出由10余名技术人员组成的团队对葡萄种植全过程进行技术指导，常年对农户进行集中、系统培训，确保农户掌握先进实用的种植技术；积极推广"倾斜龙干型""一面坡""精准灌溉"等新技术，实现对葡萄园的控产、控糖、增酸、保香气等目标。果农在种植过程中遇到管理问题，技术人员随叫随到，在田间地头现场解决问题，切实让农户掌握"造血"能力，提高农户发展的内生动力。

（4）数字化赋能，确保每一粒葡萄达到质量标准

为确保葡萄质量，张裕为每块葡萄园建立信息化档案，实现土壤、气候、病虫害、水肥、植保等多维度的数据采集，实现对每一棵葡萄树的精细化管理。自主开发的葡萄糖度自动化检测系统，其自动化程度达到世界领先水平。葡萄数量、糖度、价格等信息自动录入数字化管理系统，数据统计与分析非常便捷，为葡萄基地的良性发展奠定了坚实基础。

（5）机械化提升产品竞争力，大幅降低生产成本

张裕历经数十年引进与改造先进的机械设备，在葡萄管理的关键环节（埋土、出土、疏叶、打药、修剪等），都实现了机械化生产；此外，还引进了"水肥一体化"滴灌技术，用工量减少99%、肥料投入量节省30%；集约化管理、新技术和机械化的推广使用，大幅度降低了人工劳动的强度，有效降低了产品成本，提升了产品性价比和综合竞争力，有力地抵御了洋酒对国产葡萄酒的冲击。

（6）建成10万吨的发酵中心，成为新疆葡萄加工能力最强的工厂

从2009年开始，张裕陆续在新疆建立了4个原酒发酵工厂，累计加工能力达到10万吨，成为新疆收购加工葡萄最多的发酵工厂。葡萄的收购、前处理、发酵（温度、喷淋循环等）控制、陈酿、冷冻、过滤、控氧及氮保护等均实现自动化和智能化，同时建立了全环节的质量管控、工艺控制、生产管理的数字化追溯系统，确保了生产的各类原酒处于全程可控的高质量状态，有效提升了企业的竞争力。

（7）产品有机化，推动基地可持续发展

通过多年的实践和积累，张裕巴保男爵酒庄实现了有机种植，产品获得了有机认证，成为新疆生产有机葡萄酒产量最大的企业。酒庄生产的X6、X7有机葡萄酒，累计获奖80余项。有机产品的生产，也助力了基地的可持续发展。

2. 基地建设成效显著，助力乡村振兴

（1）经济和社会效益显著

2009—2024年，张裕公司在新疆发展酿酒葡萄合同基地12.09万亩，累计产出葡萄81.68万吨，果农累计收益25.67亿元；发酵工厂累计上缴税收7.65亿元；基地每年给果农带来约1.5亿元的收入，带动33937户农民脱贫致富，每年人均增收1万元左右。

（2）"工业+旅游"助力建设美丽乡村

葡萄酒产业是融合"葡萄种植、加工、销售"一二三产业协同发展的独特产业，不仅能够为当地农户提供就业岗位，还可以带动葡萄酒加工、销售、工业旅游等相关产业共同发展。

张裕巴保男爵酒庄创建了集种植、酿酒、品酒、文化培训、观光休闲于一体的葡萄与葡萄酒主题产业服务体系，并获批为国家4A级景区，年均接待游客10余万人，累计接待游客200余万人，极大地丰富了葡萄酒产业的文化内涵，带动了配套产业的发展，拉动了区域内的整体经济发展。

未来，张裕还将继续发挥葡萄酒产业优势，深入探索"旅游+工业"模式的更多实践形式，以产业兴旺带动乡村发展，为更多农户赋能，全面助力乡村振兴，巩固脱贫成果，为"三农"可持续发展贡献力量。

第四节　山东产区

山东省是我国葡萄酒产业基础最好的省份，烟台是我国著名的葡萄酒产区和中国葡萄酒产业的发祥地，拥有张裕、长城、威龙等一线品牌和蓬莱丘山山谷酒庄集群，葡萄酒产业链完备，是国际葡萄与葡萄酒组织命名的亚洲唯一的国际葡萄·葡萄酒城。

一、自然特征

（一）地形地貌

山东省地势中部高、四周低，泰、鲁、沂、蒙等千米以上中山构成鲁中山地主体，向外经低山、丘陵过渡至平原。地形切割强烈与平原广阔并存，西南、西北低洼平坦，东部缓丘起伏，形成"山地丘陵为骨架、平原盆地环列"的格局。西部、北部为黄河冲积而成的鲁西北平原（属华北大平原），泰山主峰海拔1545米，为全省最高点，黄河三角洲海拔2—10米，为全省陆地最低处。省内地貌复杂，包含中山、低山等9类基本类型。

（二）气候条件

山东属暖温带季风气候，具"降水集中、雨热同季，春秋短、冬夏长"的特点。夏季吹偏南风，多雨炎热；冬季吹偏北风，干燥寒冷；春季多风沙少雨；秋季晴爽温和。

气候地区差异"东西大于南北"。年平均气温11℃～14℃（东北沿海向西南递增），极端低温可到-20℃，极端高温达43℃；无霜期180—220天（同气温递变规律），≥10℃积温3800℃～4600℃。年均光照2290—2890小时，年降水量550—950毫米（东南向西北递减），60%～70%集中于6—8月。

（三）土壤条件

以棕壤为主，面积170.62万公顷，约占全省土地总面积的14.09%。主要分布在胶东半岛和沭河以东的丘陵地区。陡坡多是林、牧用地,缓坡处适宜种植花生、地瓜等作物。棕壤稍显酸性,透气性强,为葡萄的根系生长提供了很好的环境。

二、产业发展现状

(一)葡萄种植

据不完全统计,2023年,山东产区酿酒葡萄面积15万亩,主要分布在胶东半岛的烟台、青岛和威海,鲁南的枣庄、临沂和日照,鲁西北的德州、聊城等12个地级市。烟台产区的酿酒葡萄基地主要分布在莱州、龙口、蓬莱丘山、柳林河谷、莱山瀑拉谷等地,代表性企业有张裕、蓬莱长城、君顶酒庄、龙亭酒庄等;青岛产区的酿酒葡萄分布在平度、莱西等地,以华东、九顶庄园等企业为代表;威海的酿酒葡萄主要种植在乳山的台依湖酒庄;枣庄酿酒葡萄主要集中在山亭区的汉诺酒庄;德州的酿酒葡萄以德州城区的奥德曼酒庄为主。

品种结构:山东产区的酿酒葡萄品种众多,其中红色品种约占75%,主要为赤霞珠、蛇龙珠、美乐、品丽珠;白色品种约占25%,主要为霞多丽、贵人香、雷司令等。近年来,马瑟兰、小味儿多、小芒森等新兴特色品种发展较快。

种植技术与创新:蓬莱产区在生态栽培与酿造技术上取得突破,自主研发的极简化生态栽培体系与自然葡萄酒酿造技术达到国际领先水平。葡萄"5416"测土配方精准施肥技术实现化肥减量60%、节水50%,被农业农村部列为推广成果。另外,果穗整形、果实套袋、肥水一体化、绿色病虫害防控等技术得到广泛推广。

山东产区历年酿酒葡萄面积的变化如图4-8所示。

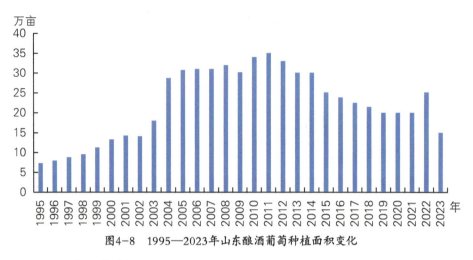

图4-8 1995—2023年山东酿酒葡萄种植面积变化

（二）产业规模

据不完全统计，截至2023年底，山东省葡萄酒生产企业数量约占全国葡萄酒生产企业总数的1/4，葡萄酒产销量占全国的34%，产值占66%，利润占73%。山东产区拥有葡萄酒生产企业211家，其中烟台产区204家（包括上市企业4家）、德州1家、淄博2家、青岛2家、泰安1家、威海1家；葡萄酒产量7.78万吨，其中烟台产区规模以上企业葡萄酒产量6.5万吨，占全国的30%，规模以上企业营业收入24.6亿元，占全国的27%，均处于全国领先地位。山东产区历年葡萄酒产量变化如图4-9所示。

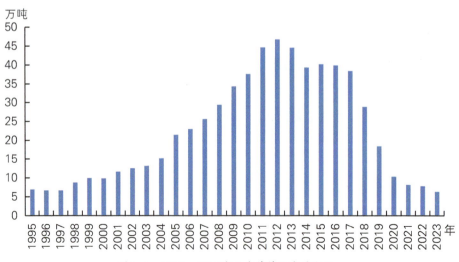

图4-9 1995—2023年山东葡萄酒产量变化

产品出口情况。2024年，烟台产区的葡萄酒已经出口至全球40多个国家，出口量同比增长54.8%，成为推动国产葡萄酒突围的关键力量。

（三）产业政策

山东省各级政府高度重视葡萄和葡萄酒产业，相继出台多项措施引导、支持葡萄产业高质量发展，如《关于促进山东葡萄酒产业高质量发展的若干意见》等。2020年，为充分发挥烟台作为亚洲唯一"国际葡萄·葡萄酒城"的品牌效应，进一步做大做强葡萄酒产业，更好助力全市产业发展和城市品牌打造，政府出台了《关于促进烟台葡萄酒产业高质量发展的实施意见》，以及《关于进一步推进烟台葡萄酒产业高质量发展的行动方案》，明确提出给予葡萄酒产业政策资金扶持。2021年，为加强烟台葡萄酒产区保护，保障烟台葡萄酒质量和品牌信誉，促进烟台葡萄酒产业健康有序发展，烟台市制定出台了《烟台葡萄酒产区保护条例》，并于2021年1月1日正式实施。为更好发挥葡萄酒产业发展专项资金的引导作用，促进烟台市葡萄酒产业高质量发展，烟台市于2021年9月出台了《烟台市葡萄酒产业发展专项资金实施细则》。

2021年以来，烟台市把葡萄酒产业作为全市16条重点产业链之一，围绕"抓产业先抓产区"的思路，出台了《烟台市葡萄酒产业链"链长制"实施方案》和《关于推动烟台葡萄酒产区建设的实施方案》，确立了"夯实基础、抬高龙头、壮大产业、营造氛围"的发展思路，践行"12345"工作思路，紧盯葡萄酒生产企业、配套企业、酒旅融合企业等市场主体，聚焦产区、产业、产品"三个重点"，统筹"政产智金用"五方面优势资源，加快实施六大行动，积极应对国际国内葡萄酒行业下行压力，全力稳住基本盘，持续提升亚洲唯一国际葡萄与葡萄酒城的品牌影响力。

三、产区独特优势

（一）自然条件优越

烟台地处北纬37°，作为世界七大著名葡萄海岸之一，气候温和、四季分明，年日照时数达2800多小时，为葡萄生长提供了充足光照。而且，烟台冬季少结冰，是国内少数无须冬季埋土防寒的葡萄产区，大大降低了种植成本与劳动强度。

烟台地形以丘陵低山为主，土壤砾石多、透气性佳，排水迅速，避免葡萄根部积水。白天土壤吸收热量，夜晚释放，调节土温，利于葡萄生长成熟。土壤丰富的矿物质，赋予烟台葡萄酒独特风味与复杂度。

烟台千里海岸线塑造了海洋性气候，气候温和湿润，昼夜温差小，促使葡萄缓慢均匀成熟，让果实的糖分、酸度与风味物质达到完美平衡，对葡萄酒品质提升意义重大。

（二）产业基础雄厚

1892年，张弼士于烟台创办国内首家葡萄酒公司，开启中国工业化酿造葡萄酒的新纪元，烟台也成为中国葡萄酒产业发祥地。1915年，张裕葡萄酒在巴拿马太平洋万国博览会上斩获多项大奖，拉开烟台乃至中国葡萄酒国际化发展的大幕。

如今，烟台有204家葡萄酒生产企业、63个知名酒庄，其中张裕已发展成为亚洲最大、全球第四的葡萄酒生产经营企业。烟台葡萄酒产业链完备，是中国葡萄酒产业配套中心，从葡萄酒瓶、软木塞到包装印刷、橡木桶制造等，生产所需均可一站式购齐。目前，产业链配套企业超过250家，综合产值达500多亿元。

（三）品牌影响力大

在品牌价值方面，在2023年的中国品牌价值评价中，烟台葡萄酒以860.24亿元领跑地理标志产品葡萄酒类榜单，2024年品牌价值攀升至861.87亿元，连续八年稳居行业榜首。2023—2024年，张裕在全球权威品牌价值评估机构BrandFinance发布的"全球最强葡萄酒&香槟品牌"榜单中，均以最高分位列第一。

在国际奖项上，近三年烟台葡萄酒共获505项大奖，年均168项，位居国内各产区前列。张裕、长城等酒庄在国际知名赛事中屡获最高奖项。

烟台还积极开展国际合作，提出"品重烟台、微醺世界"口号，深化与OIV、GWTO等国际权威机构互动，亮相国际行业盛会，赴多地开展海外推介，并接待众多国际代表团来访，先后荣获多个重磅荣誉称号，"国际葡萄与葡萄酒城"名片越发闪亮。

（四）政策支持有力

烟台市政府高度重视葡萄酒产业，将其列为16条重点产业链之一，加强顶层设计，设立产业专项扶持资金。2021年10月，市政府印发《烟台市葡萄酒产业链"链长制"实施方案》，2022年初由市政协主席担任链长，推动产业链实质性运转，助力产业从引进迈向创新，实现全产业链集聚发展。

烟台对新建改建葡萄基地给予资金奖补，最高标准达6000元/亩，高于宁夏、新疆等产区，为产业发展注入强大动力。

（五）技术创新能力强

种植技术上，烟台持续推进高标准优质基地和示范园建设，酿酒葡萄规范化种植基地占比达98%。市农科院自主培育8个葡萄新品种，制定5项栽培技术规程，获4项科技成果奖与2项发明专利。

酿造技术方面，张裕公司成为行业首家通过"产品碳足迹认证"的企业，还承担省级重大创新项目。烟台自主研发的极简化生态栽培体系与自然葡萄酒酿造技术，达国际领先水平。

（六）文旅融合发展

烟台酒庄旅游资源丰富，张裕酒文化博物馆晋升国家一级博物馆，朝阳街入选国家级旅游休闲街区，蓬莱"一带三谷"、莱山瀑拉谷等酒庄群吸引众多游客。2024年，烟台荣获"全球葡萄酒旅游目的地""全球新兴最具潜力葡萄酒旅游目的地"称号，成立葡萄酒文旅产业发展联盟，评选"文旅融合十佳酒庄"，促进葡萄酒产业与文旅、教育等深度融合，"葡萄酒+文旅"模式成为乡村振兴与县域经济发展的重要引擎。

四、存在的问题

近年来，山东产区面临引领地位正被赶超、品牌效应正在减弱等挑战。外因是全球经济增长乏力、国内经济减速换挡、新冠疫情影响、基地建设成本大幅提升和受进口酒市场冲击等；内因则表现在产业规划引领缺失、品牌宣传力度不够、生产经营秩序有待规范等方面。

（一）产业规划引领缺失

缺乏统一规划：烟台产区虽然发展多年，但至今尚没有一个完整成熟的产业规划引领产业发展，产业定位与产业发展方向不清晰。与城市发展衔接度不够：产业发展与城市发展衔接度不够，酿酒葡萄基地建设受产业规划缺失、土地成本等因素制约，企业发展酿酒葡萄基地的意愿不强。

（二）种植管理成本较高

机械化程度低：胶东地区葡萄基地建设标准化程度低，葡萄管理机械化程度较低，人工成本较高。葡萄种植业也面临从业人员年龄偏大、对新型农业技术掌握程度不足、对现代化农业机械操控能力不强等问题。土地流转困难：由于葡萄生长周期较长，前期投入较大，土地流转积极性不高，难以形成集中连片种植。上述因素导致葡萄种植成本较高。

（三）品牌宣传力度不够

品牌推广不足：烟台在"国际葡萄·葡萄酒城"品牌的打造、维护、宣传方面缺乏统筹推进机制，葡萄酒特色彰显不足。推广手段单一：葡萄酒品牌推广缺乏有效设计，推广手段单一，高质量、高层次葡萄酒交流活动不多。地理标志管理不足："烟台葡萄酒"是第一批实施地理标志产品保护的葡萄酒产品，但在葡萄酒地理标志的管理机制、标准规范和宣传普及等方面不足。

（四）市场经营秩序有待规范

政策落实不足：2020年，烟台虽出台了《烟台葡萄酒产区保护条例》，但在贯彻落实上缺乏有效配套措施。地理标志管理不善："烟台葡萄酒"作为国家地理标志证明商标，未有效开展授权管理工作，缺乏标志性战略品牌；部分企业为追求短期利益，存在侵犯地理标志知识产权、虚假宣传、以次充好等行为，严重影响了产区的形象。

（五）市场竞争压力增大

受进口酒冲击：近年来，进口葡萄酒来势凶猛，在国内市场占据相当份额，对烟台葡萄酒产业造成了巨大冲击。国内产区竞争：国内其他地区的葡萄酒产业异军突起，如宁夏、新疆等产区，凭借气候、政策等优势，其市场份额国内占比逐年上升，对烟台产区形成了有力竞争。产品同质化严重：葡萄酒产品类型不丰富，缺乏特色品种及配套的技术，区域产品风格不突出，主要体现在产区同质化、产品同质化、葡萄品种同质化等，严重制约了烟台乃至全国葡萄酒产业的健康发展。

（六）市场消费端乏力

消费市场萎缩：受全球经济增长乏力、国内经济减速换挡、新冠疫情等因素影响，葡萄酒市场消费端乏力，消费场景单一；中国目前主流的三大酒类中，葡萄酒的市场份额和普及程度较低，葡萄酒文化宣传力度不够，消费者对葡萄酒的知识了解不足。

（七）文化传承与创新不足

文化传播不足：烟台丰富的酒文化没有广泛传播。文化创新不足：葡萄酒文化宣传力度不够，缺乏创新，未能充分挖掘和利用烟台葡萄酒的历史文化资源。

综上所述，烟台葡萄酒产区在产业规划、种植管理、品牌宣传、关键要素支撑、生产经营秩序、市场竞争、产品同质化、市场消费和文化传承等方面存在诸多问题。这些问题相互交织，制约了烟台葡萄酒产业的高质量发展，需要引起高度重视并采取有效措施加以解决。

五、发展路径

（一）发挥产业规划引领作用

山东产区应根据产区优势和风土条件，科学论证产区发展定位和发展方向，明确重点任务和政策措施，合理布局葡萄酒产业链。充分考虑酒庄建设用地和葡萄园用地，为产业发展预留空间。结合城市规划等上位规划，突出葡萄酒一二三产业融合发展的特点，制定葡萄酒产业发展规划，结合产业实际，在产业不同的发展阶段，制定更完善的政策体系和实施细则，引导行业可持续、高质量稳定发展。

（二）加强产区品牌宣传推介

按照"政府主打产区品牌，酒企主打酒庄品牌和产品品牌"的思路，加速形成著名产区品牌效应，打造一批产品质量好、市场受欢迎的产品品牌。一是加强产区品牌策划，高水平策划"烟台国际葡萄酒节""世界葡萄酒旅游大会"等系列活动，提升产区形象，扩大产区影响力。二是加强产区品牌推介。统一产区形象、统一宣传主题，组织企业参加国内外知名葡萄酒展会和葡萄酒大奖赛，不断提升产区葡萄酒的市场占有率。加快产区葡萄酒课程推广，传播山东葡萄酒文化，讲好产区葡萄酒故事。三是实施好葡萄酒地理标志品牌发展战略，在张扬产区共性的基础上，通过系列化的营销策划、文化推广和科学普及等活动，宣传葡萄酒地理标志保护知识，让消费者熟知葡萄酒地理标志产品的独特优势和人文价值，使产区葡萄酒产品更具市场竞争力。四是正确引导消费文化，建立适应国内消费者的感官评价体系，讲好山东产区葡萄酒故事，打造山东葡萄酒特色文化，做大做强中国葡萄酒市场份额。

（三）贯彻落实产区保护条例

贯彻落实好《烟台葡萄酒产区保护条例》，加大产区立法保护执行力度，加强对葡萄酒生产经营行为的监督检查，建立良币驱逐劣币的市场净化机制，严厉打击和查处无证灌装、假冒伪劣、以次充好等违法行为。构建地理标志保护区内的葡萄酒质量分级体系，引导市场良性发展。加快培育和壮大龙头企业，加快产业结构优化升级，推动葡萄酒产业资源优势向竞争优势转化。

（四）推动极简化生态化基地建设

积极稳妥推进酿酒基地建设，对新增酿酒葡萄基地给予高额补贴，稳步扩大酿酒葡萄基地规模，鉴定认证并保护老葡萄园，对现有优质葡萄园进行适当补贴。加快推进酿酒葡萄品种培育及筛选工作，建设酿酒葡萄种质资源苗圃，培育具有产区风格特色的地标性葡萄品种。巩固传统特色葡萄品种优势，扩大马瑟兰、小芒森、小味儿多、白玉霓等适栽品种的种植面积。推进酿酒葡萄种植技术提升和科学管理，开展葡萄园机械化设备研发及推广应用，支持社会化服务组织的培育，降低单个酒庄的生产运营成本。构建葡萄园智慧管理系统，支持优质葡萄园标准化、规模化、机械化、数字化管理。科学评估葡萄园碳汇价值，开展葡萄园生态系统中碳循环规律、碳汇价值及碳减排政策研究，为推动"碳中和"发挥作用。

（五）建立产业科技支撑体系

支持高校、科研机构和企业建设葡萄酒产业技术创新中心、技术研发中心、重点实验室等创新平台，启动优质苗木选育、病虫害绿色防治、葡萄酒特性研究等一批科研项目。鼓励科研院所和企业以产区风土为基础，形成适宜的栽培技术和酿酒工艺，发展独具特色的产品风格和品味，酿出具有本地特色的优质产品。成立产区葡萄酒专家智库，加强葡萄酒产业发展的顶层设计。支持高职高专、技工院校围绕葡萄酒产业的技能人才需求，增设相关专业，培育更多葡萄酒专业技能人才。加快创建国家级葡萄酒技术性贸易措施研究评议基地，持续跟踪、研究、解析国外葡萄酒技术性贸易措施，研究相关应对技术和方法，为企业突破国外技术壁垒提供指导和帮助，提高出口企业应对能力。

（六）推动葡萄酒产业融合发展

充分发挥葡萄酒产业自身特点，推动葡萄酒一二三产业融合发展。引导酒庄与农户建立土地流转新模式，完善葡萄酒产业用地确权登记，进一步稳定土地承包关系，确保农民长期受益。加强产区葡萄酒人文社科研究，探寻乡村振兴、康养文化与葡萄酒文化旅游融合创新路径，推动形成产业融合、产品融合、市场融合和服务融合的产业发展新业态、新优势。在主要城市广场、主要干道、城市出入口等增加展示葡萄酒文化主题的标识广告，让葡萄酒文化载体建筑成为游客了解葡萄酒城的窗口。

六、山东葡萄酒企业与产品案例

（一）君顶酒庄案例

君顶风华，山海间的东方韵味

君顶酒庄位于世界七大葡萄海岸之一的山东蓬莱南王山谷，三面环湖，依山傍水，拥有独特的海岸葡萄酒风土条件。酒庄占地13.7平方千米（约20550亩），其中葡萄园面积超过6000亩，年产葡萄酒达2000吨，总储酒能力超过4000吨。同时，酒庄精心建设8000平方米地下酒窖，拥有五星级君顶葡园酒店及亚洲唯一的葡园高尔夫球场，每年接待游客近200万人次，为国家4A级葡萄酒旅游景区。

1. 匠心铸就，卓越品质

君顶酒庄秉承"天人合一、技艺兼备、东西相融"的酿造哲学，注重从源头到终端的极致追求。早在1998年，酒庄从欧洲引进酿酒葡萄嫁接苗木，截至目前，累计引进品种207个、品系237个、砧木品种31个，为酿酒葡萄品种选育提供种质资源保障。

经过20余年的观察研究，筛选出表现优异的品种，如马瑟兰、小味儿多、维欧尼、小芒森等，确定了酒庄核心酿酒品种。在葡萄酒酿造方面，君顶以国人的口味特点，追求果香浓郁、口感协调、酒体匀称的风格，形成东方葡萄酒典范。

酒庄产品累计荣获Vinalies国际品酒赛、布鲁塞尔国际葡萄酒大赛、国际葡萄酒挑战赛（IWC）等国际权威赛事大奖百余项，旗下核心产品"天悦""尊悦""东方"系列多年保持国产高端酒庄酒销量前茅。

2. 科技赋能，酿造革新

君顶酒庄在生产各环节重视科技创新。酒庄拥有智慧葡萄园系统、水肥一体化系统、葡萄酒生产精准控温发酵系统等，实现葡萄生产水肥精准调控、葡萄园病虫害实时监测、葡萄酒发酵过程实时监测与精准控制。

君顶酒庄与国内高校及科研院所保持良好的产学研合作。与西北农林科技大学葡萄酒学院李华教授开展的"葡萄酒产业可持续发展关键技术研发与应用"项目，成果获评国际领先水平；与中国农业科学院果树研究所王海波研究员团队合作的酿酒葡萄"5416"测土配方施肥技术，为中国酿酒葡萄精准施肥开了先河。截至目前，酒庄累计获得国家授权专利35项，参与制定国家标准1项，行业标准4项，研发多项具有自主知识产权的酿造技术。此外，君顶酒庄还参与了国家重点研发计划项目，推动葡萄酒产业链的科技创新与转型升级，为山东省农业科技创新示范企业。

3. 深耕市场，营销创新

君顶酒庄创新性地构建了以消费者深度体验为核心的立体营销体系，将"酒庄游"、"品鉴会"与"君顶美酒荟"三大营销模式有效融合。酒庄以自身国家4A级旅游景区为依托，精心打造沉浸式"酒庄游"，让消费者实地感受葡萄酒生产全过程，增进对品牌的认同与信赖。同步在区域市场定期举办高端圈层"品鉴会"，以专业品酒师为导引，深度传递君顶葡萄酒的品质内涵与东方韵味，强化品牌文化输出。此外，"君顶美酒荟"作为体验营销的重要平台，目前已在全国一、二线城市布局67家，通过美食美酒配餐、个性化产品定制、葡萄酒文化培训等服务，精准触达高端消费圈层，进一步巩固并拓展君顶在高端葡萄酒市场的领先地位，有效地实现了品牌价值和市场业绩的同步提升。

4. 多元融合，文化赋能

作为典型的一二三产业融合示范企业，君顶酒庄不仅致力于葡萄酒的生产，还致力于葡萄酒文化生活方式的打造。酒庄配备专业品酒室、葡萄酒文化长廊、美酒美食体验服务等项目，每年吸引大量游客前来体验东方葡萄酒文化生活方式。

近年来，国产葡萄酒整体市场遇冷，但君顶酒庄依托品牌先发优势与复合产业模式的领先性，旗下核心产品系列"天悦""尊悦""东方"在市场逆势中实现了业绩的稳定，彰显出君顶的品牌韧性与市场适应能力。

5. 布局未来，焕新品牌

面对日益年轻化的市场需求，君顶酒庄于近年来推出全新子品牌"君顶严选"，秉持"满世界找好酒"的理念，严格依托君顶的品质标准，从全球著名葡萄酒产区严选优质精品葡萄酒，为消费者提供更多样化的选择，满足日益多元化的市场需求。

此外，酒庄积极布局互联网营销渠道，尝试开发面向年轻消费群体的专属产品系列，以短视频营销、线上直播带货等新媒体形式触达新世代消费者，将品牌年轻化战略落实到位。

立足于风土资源、品质创新与市场前瞻布局，君顶酒庄历经20多年的发展。

展望未来，君顶将持续以匠心精神和科技创新，致力于成为全球葡萄酒产业中独具东方气韵的中国典范品牌。

（二）中粮长城（蓬莱）公司企业案例

科技赋能，创新引领多品驱动

1. 传承创新：镌刻中国葡萄酒的红色荣耀

长城葡萄酒作为中国葡萄酒行业的开拓者与引领者，历经40年发展，生动镌刻着科技创新的基因，研制生产了符合国际标准的中国第一瓶干红、干白和传统法起泡葡萄酒，为中国葡萄酒产业正规化、标准化发展奠定了基础，三次荣获"国家科技进步奖二等奖"，并成为2008年北京奥运会、2010年上海世博会及国家多项重大外事活动指定用酒，是代表中国款待世界的"美酒名片"。

中粮长城葡萄酒（蓬莱）有限公司隶属于国资委直属央企——中粮集团有限公司，也是长城葡萄酒重要生产基地之一，生产"长城"牌系列葡萄酒、起泡酒、白兰地的行业领军企业。1999年公司落户"人间仙境"山东蓬莱，肩负长城葡萄酒"创新型、多品类"战略定位，秉承长城葡萄酒科技创新的红色基因，扎根产区20余载，深耕海岸风土、聚焦技术革新、拓展多元发展，以"全产业链布局"为核心，建有山东省酿酒葡萄与葡萄酒技术创新中心等省部级科技平台，获得"山东省省长质量奖"等多项荣誉，持续助力中国葡萄酒行业整体产业升级和创新发展。

2. 深耕风土：筑牢产业根基的种质革命

为解决"葡萄品种单一、扦插苗种植"行业共性难题和补齐"缺乏适应性和风味特色化"产区短板，公司于2005年与法国阿海威公司合资成立国内首个专业化酿酒葡萄苗木研发中心，开了我国酿酒葡萄嫁接与脱毒苗木生产的先河，自主研发层积愈合催根、嫁接抗性繁育等核心技术，成功培育出我国首棵酿酒葡萄脱毒嫁接苗，破解了种苗脱毒快繁产业化困局。

引进脱毒酿酒葡萄新品种（系）60余个，建立酿酒葡萄及砧木种质资源苗圃园，通过产区风土、品种适栽性、酿酒特性等系统研究，筛选出马瑟兰、小味儿多、小芒森等10多个适合蓬莱海岸产区的优良特色品种（系）。脱毒嫁接苗的繁育推广，有效解决了新疆、宁夏等国内酿酒葡萄主产区抗寒、抗旱、抗盐碱等行业难题。

2019年，公司进行多次勘测，选定蓬莱龙山山谷，通过梯田改造、水肥一体化、延迟采收、根域隔水、叶幕调控等定向栽培创新技术应用，建设马瑟兰单一品种葡萄园——龙脊园，园区应用"信息化、机械化、智慧化"种植管理，实现酿酒葡萄生长全周期的定向精准调控，连续两年蝉联"烟台市酿酒葡萄优质示范园"，成为兼具"特色葡园、现代种植、智慧管理、生态体验、标杆示范"功能的品牌葡园和产业名片。

图4-10　中粮长城葡萄酒（蓬莱）有限公司葡萄园

3. 数智赋能：构建全产业链的智慧蓝图

依托中粮集团"从田间到餐桌"全产业链发展理念，2013年在国内葡萄酒行业内率先开发使用"葡萄酒生产信息化质量管控系统"，实现了集葡萄栽培、葡萄酒生产、食品安全保障于一体的产业链精准管控，成为2017年国务院"双安双创"成果展的重点推介成果，并作为行业内唯一企业参与国家标准《葡萄酒生产追溯指南》编制工作。

图4-11　中粮长城葡萄酒（蓬莱）有限公司酒窖

作为中国葡萄酒行业智慧化实践的先行者，2024年，企业智造再度引领变革，通过葡萄栽培、酿造生产、产线灌装、质量管控、市场宣导、产品溯源等葡萄酒全产业链关键环节大数据分析治理和智慧辅助决策，构建国内首个以"精准栽培+定向酿造+质量保障+市场溯源"为核心的"葡萄酒生产全产业链智慧管理平台"，实现质量风险预测与精准闭环管控，以数字孪生沉浸式交互体验重塑消费者价值链接，创新"数字孪生+多端协同"智慧营销生态，驱动全要素从数字化向

图4-12　葡萄酒生产全产业链智慧管理平台演示

"人·园·酒·云"全链智慧化运营跃迁，推动中国葡萄酒产业向"全链可视、管理可视、智慧可视"的新质生产力跨越。

4. 品类创新：多元化矩阵打破市场壁垒

立足产区特色品种，历时三年技术攻关，创新构建以葡萄汁低温熟化、三级酵母裂殖扩培、中途终止酒精发酵、等压稳定处理为核心技术的新型罐式起泡酒酿造技术体系，实现国产起泡酒规模化生产的系统性技术突破，成果授权发明专利5项、科技奖励3项，关键技术填补国内技术空白，助力产区成为国内起泡酒的重要生产基地，塑造提升了国产起泡酒的整体质量水平和风格特征。

秉持"深耕产区风土、坚定风味创新"的酿酒哲学，深度挖掘"3S"风土优势，创新集成应用浮选澄清、混菌发酵、双温双态等典型风味酿造工艺技术，突破性研发国内首款马瑟兰干白葡萄酒、马瑟兰起泡葡萄酒、马瑟兰冬藏晚采等新酒质、新产品、多维度产品矩阵，实现马瑟兰品种特性与海岸产区风土的深度融合、多元探索，推动马瑟兰等产区优势特色品种的品牌化打造。构建"干型酒、起泡酒、白兰地、甜型酒"多品类生产技术体系，开创"温润柔雅"的海岸葡萄酒风格，产品累计获布鲁塞尔等国内外葡萄酒品评赛大奖280余项。

洞察酒饮市场多元化、年轻化趋势，聚焦"茶果味、低度化、轻量化、全品系"创新方向，研发低度微醺、潮饮果味、无感零醇等产品，契合"Z世代"消费需求，为行业多元化创新发展和增量突破提供"新赛道"，持续突破葡萄酒市场同质化桎梏，引领国产葡萄酒品质化、特色化发展新浪潮。

5. 未来展望：东方葡萄酒的全球崛起

站在产业深度调整期的潮头，在"科技×风土×创新"三维战略驱动下，中粮长城葡萄酒（蓬莱）有限公司坚守"长城只出好酒"的初心，通过技术革新、品类拓展和数字化升级，推动中国葡萄酒产业从传统酿造向智慧化、高端化、国际化转型，引领中国葡萄酒产业从"跟随"走向"引领"，为全球消费者呈现兼具东方韵味与世界品质的葡萄美酒，书写中国葡萄酒的复兴篇章。

第五章

中国葡萄酒产销渠道分析

在全球葡萄酒产业格局深度调整及国内消费结构持续升级的双重驱动下，中国葡萄酒市场正经历从规模扩张向价值提升的关键转型期。近年来，消费者对葡萄酒的需求从"量"的增长转向"质"的追求，叠加电商渠道崛起、进口政策调整等外部环境变化，市场渠道结构呈现多元化、复杂化的发展趋势。2024年，国产葡萄酒在品质突围与库存压力中寻求平衡，进口葡萄酒受关税政策影响呈现"单极驱动"特征，渠道竞争从传统商超主导转向全渠道融合。

第一节　中国葡萄酒市场整体态势剖析

一、市场规模

2024年，中国葡萄酒市场呈现"产量下滑、结构优化"的显著特征（见表5-1）。

国产葡萄酒市场：产量降至11.8万千升（同比–17.5%），但规模以上企业销售收入同比增长4.8%，高端产品（千元以上）增速超过200%，宁夏产区线上销售额增长40%，体现"量减价增"的高端化转型。

进口葡萄酒市场：瓶装酒进口额15.9亿美元（同比+37.1%），澳大利亚贡献了主要的进口额增量（进口额5.5亿美元，同比+16993.7%），剔除大洋洲后进口额同比–10.3%，显示市场对高性价比产品的阶段性需求回升。

表5-1　2020—2024年中国葡萄酒市场核心数据

指标	2020年	2021年	2022年	2023年	2024年
国产产量（万千升）	15.2	13.5	12.6	14.3	11.8
国产销售收入增速（%）	–8.3	–2.7	+1.2	+3.5	+4.8
进口额（亿美元）	11.2	10.5	11.8	11.6	15.9
大洋洲进口额（亿美元）	—	—	—	0.3	5.5
终端均价（元/瓶）	82	85	90	95	102

数据来源：中国酒业协会、海关总署。

二、供需结构深度分化

（一）供给端：产区集中化与库存高压

产区竞争力：宁夏产区在Decanter世界葡萄酒大赛获奖数占全国的40.1%，成为全球精品酒新增长极；山东蓬莱、新疆玛纳斯等产区通过"文旅+品鉴"提升区域品牌力。

库存压力：威龙股份存货周转率0.24次（行业均值0.45次），张裕库存周转天数215天，社会库存消化周期长达12—18个月，进口酒库存周转天数超过150天，去库存仍是行业首要任务。

（二）需求端：消费分层与品类迭代

价格带分化：每瓶（750mL）50—100元大众价格带占比24.5%，100—300元中端市场占比35%，千元以上高端市场增速超过200%，形成"哑铃形"结构（见表5-2）。

品类偏好：干型桃红（+50.6%）、干白（+19.5%）增速领先，甜型酒占比下降至12%，反映健康化、轻量化消费趋势；家庭自饮占比45%（+8pct），商务宴请仅占5%，场景回归日常化（见表5-2）。

表5-2 2024年消费者需求核心数据

维度	高端市场 （>1000元）	大众市场 （50—100元）	品类增速	场景分布
线上渗透率	35%	60%	干型桃红+50.6%	家庭自饮45%
复购率	28%	15%	干白+19.5%	商务宴请5%
品牌认知度	宁夏产区62%	张裕/长城45%	低度酒 （<12%vol） +22%	礼品市场10%

数据来源：京东零售、尼尔森调研。

第二节　传统渠道转型与新兴渠道崛起

一、传统渠道：收缩中寻求体验升级

（一）商超渠道：从"规模扩张"到"精品化运营"

份额持续下滑：从2019年的35%降至2024年的22%，永辉、华润万家等将SKU削减至50个以下，重点布局奔富、张裕等畅销品牌。

体验化转型：北京物美超市设立"葡萄酒品鉴角"，联合产区每周举办主题品鉴活动，带动300元以上产品销量增长30%。

2019—2024年商超渠道关键指标呈现积极变化。毛利率从22%升至25%，如沃尔玛精品酒专区毛利率达32%，说明优化产品结构可提升毛利；促销费用率由15%降至10%，盒马X会员店精选酒款免促销费的模式，体现促销策略更重效率与成本控制；高端产品占比从10%增长到18%，上海Ole'超市进口精品酒占比40%，反映出商超顺应消费升级趋势，加大高端产品布局以提升品牌与收益（见表5-3）。

表5-3　商超渠道关键指标对比

指标	2019年	2024年	典型案例
毛利率	22%	25%	沃尔玛精品酒专区毛利率32%
促销费用率	15%	10%	盒马X会员店精选酒款免促销费
高端产品占比	10%	18%	上海Ole'超市进口精品酒占比40%

数据来源：商超财报、行业调研。

（二）餐饮渠道：场景复苏与高端化绑定

销售额增长15%，但毛利率仅18%（低于行业均值25%），主要受制于高额进场费（15%~20%）及库存压力。

侍酒师经济崛起：成都大蓉和等川菜餐厅配备WSET认证侍酒师，推动500元以上酒款销量增长40%，餐酒搭配套餐客单价提升至800元。

（三）专卖店渠道：从"渠道分销"到"体验中心"

门店数量减少30%，张裕、长城关闭低效门店，转型"酒庄体验店"：张裕北京体验中心年接待客户2万人次，会员复购率达40%，客单价超过1500元。

二、新兴渠道：技术驱动下的效率革命

（一）综合电商渠道：从"流量驱动"到"价值分层"

京东超市葡萄酒用户超过450万人次，千元以上产品增速200%，通过"中国葡萄酒TOP榜单"精准推荐，宁夏产区线上销售额增长40%。

天猫国际"保税仓直播"将进口酒到货时效压缩至3天，500元以上产品线上渗透率达35%，带动大洋洲葡萄酒复购率提升25%。

（二）直播电商渠道：从"低价促销"到"内容种草"

销售额增长超过100%，但退货率高达35%，头部主播通过"产区溯源+专家品鉴"提升信任度："醉鹅娘"直播客单价200元，复购率28%，退货率降至15%。

抖音电商"产地直供"模式：山东蓬莱产区联合抖音开展"葡萄园直播"，带动本地酒款销量增长50%，客单价提升至180元。

（三）新零售渠道：即时零售与场景融合

京东到家30分钟达服务覆盖85%地级市，订单量增长67%，300元以下产品占比55%，满足即时消费需求。

盒马鲜生"酒柜前置仓"模式：上海区域20分钟达服务覆盖90%社区，带动气泡酒、小瓶装（375mL）销量增长40%。

（四）新兴渠道：品牌销量TOP10

依托线上流量红利与场景创新，2024年，新兴渠道呈现品牌集中度提升趋势。表5-4列出了各细分渠道销量前十的品牌（按销售额排序）。

表5-4　新兴渠道品牌销量TOP10

排名	综合电商（全品类）	销售额（亿元）	直播电商（内容型）	销售额（亿元）	即时零售（O2O）	销售额（亿元）
1	张裕（龙谕系列）	5.2	醉鹅娘（自有品牌）	3.8	盒马鲜生（自有品牌）	4.5
2	奔富（Bin系列）	4.8	李佳琦团队	3.5	京东到家	4.2
3	宁夏西鸽	3.5	抖音酒仙网官方号	3.2	美团闪购	3.8
4	长城（五星系列）	3.2	葡萄酒小皮	2.8	便利蜂	2.5
5	干露红魔鬼	2.8	天猫国际直播	2.6	7FRESH	2.2
6	澳洲纷赋	2.5	张裕官方旗舰店	2.3	罗森	1.8
7	贺兰晴雪	2.2	京东直播	2.1	每日优鲜	1.5
8	法国拉菲	2.0	小红书葡萄酒频道	1.9	便利购	1.3
9	意大利西施佳雅	1.8	拼多多直播	1.7	盒马邻里	1.2
10	新疆天塞	1.5	快手酒水专营店	1.6	苏宁小店	1.0

数据来源：各平台公开数据、经销商调研。

第三节　区域市场渠道差异与典型案例

一、区域渠道结构分化

（一）华东：高端化与线上双轮驱动

线上渠道占比55%，进口酒主导（奔富、拉菲市占率超过30%），上海红酒交易中心推出"期酒预售"模式，千元以上名庄酒年交易额超过2亿元（见表5-5）。

精品店密集：上海南京西路商圈每平方公里布局5家进口酒精品店，客单价超过800元，商务团购占比20%。

（二）华南：餐饮驱动与夜场经济

餐饮渠道占比40%，广州珠江新城商圈酒吧街葡萄酒夜间时段销量增长15%，定制化酒款（如"广式早茶配酒"）占比达30%（见表5-5）。

社区团购渗透：深圳美宜佳社区店通过"到店自提+限时折扣"，带动50—100元价格带销量增长25%。

（三）西北：产区直销与文旅融合

宁夏产区直销占比25%，酒庄旅游年接待50万人次，西鸽酒庄"住宿+品鉴+采摘"套餐客单价1200元，带动自有品牌销量增长35%（见表5-5）。

政府背书：宁夏商务厅组织60家酒庄亮相2025年成都春季糖酒会，签约金额2.32亿元，产区品牌价值提升20%。

（四）华北：传统渠道转型与会员制

传统渠道占比60%，华致酒行"酒库"会员体系覆盖30万名用户，专属酒款复购率40%，通过"积分兑换+线下品鉴"提升黏性（见表5-5）。

下沉市场：河北县级市场通过"烟酒店+宴席团购"，300元以下产品占比达70%，婚宴用酒套餐销量增长20%。

表5-5 区域市场渠道结构对比

区域	线上占比（%）	餐饮占比（%）	传统渠道占比（%）	产区直销占比（%）	核心特征
华东	55	15	20	—	高端进口+线上主导
华南	30	40	25	—	餐饮夜场+社区团购
西北	20	10	45	25	产区文旅+政府赋能
华北	25	12	60	—	传统转型+会员体系

数据来源：区域经销商调研。

二、典型案例：双产区糖酒会突围之路

（一）宁夏产区：高端品鉴+数字化签约

2025年春季糖酒会期间，宁夏产区组织60家酒庄打造"贺兰山东麓精品馆"，通过三大策略实现渠道破圈。

沉浸式体验：设置"星空品鉴厅"，结合AR技术展示葡萄种植到酿造全流程，吸引5万名专业观众体验，现场签约合作经销商300家。

线上线下联动：同步开启京东直播"云逛糖酒会"，3小时直播吸引120万人

次观看,宁夏高端酒款（单价1000元以上）线上签约额达1.2亿元。

产区背书:宁夏商务厅联合中国酒业协会发布《宁夏葡萄酒产区标准》,32款酒获"地理标志保护产品"认证,推动经销商信心指数提升40%。

（二）新疆产区:文旅融合+渠道下沉

新疆玛纳斯产区在糖酒会推出"戈壁葡园"主题展区,聚焦大众市场渠道拓展。

场景化招商:打造"新疆烧烤+葡萄酒"体验区,演示干白葡萄酒与烤串的搭配,吸引餐饮渠道客户200家,现场签约餐饮定制酒款50万瓶。

下沉渠道对接:与美团优选、拼多多等平台签署战略合作,推出99元/3瓶的高性价比套餐,计划2025年覆盖全国200个三、四线城市。

文旅引流:发布"新疆葡萄酒旅游路线",糖酒会期间预售酒庄体验券10万张,带动产区直销渠道销量增长60%。

第四节　2024年葡萄酒与其他酒种渠道表现分析

一、各渠道销售数据对比

（一）线上电商平台

葡萄酒:2024年京东超市葡萄酒用户数超过450万人,线上市场占有率超过40%,设立"中国葡萄酒"专属频道后给予千万级曝光资源,推出线上专区后用户互动量超过10万人次,千元以上国产精品酒销售额同比增长超过200%。此外,国产葡萄酒逆势增长,宁夏产区葡萄酒在京东自营销售增速超过40%。

白酒:线上渠道因其便捷性、价格优势和丰富选择,逐渐赢得消费者青睐。据2023年数据,线上酒类市场规模超过1200亿元,其中白酒市场规模约900亿元,占比约75%。2024年临近年底,线上电商平台白酒销售火爆,部分产品销量半个月内超过2万件。知名酒企如贵州茅台、五粮液等纷纷将线上渠道纳入全渠道布局,并逐步提升线上销售的比例,中金公司研究认为,白酒线上市场规模仍将保持增长态势。

啤酒：2024年啤酒行业整体下滑，从上市公司数据来看，华润啤酒2024年啤酒业务收入364.9亿元，同比下降1%；百威亚太中国业务销量减少了11.8%，收入下降了13%；重庆啤酒预计2024年营业总收入146.4亿元，同比减少1.2%。不过，电商渠道成为啤酒企业寻求增长的方向，青岛啤酒电商总监透露，2024年全年，其电商渠道业绩增长了8.9%，即时零售增长了26%以上，百威亚太2024年即时零售渠道实现了双位数增长。

果酒：果酒在线上渠道凭借其口感丰富、度数较低、外观时尚等特点吸引年轻消费群体，近年来线上销量呈上升趋势，不过目前公开数据中缺乏2024年整体果酒线上销售规模及增速的权威数据，但从市场反馈来看，在一些主打年轻消费群体的电商平台或销售渠道，果酒销售表现较为活跃。

威士忌：威士忌线上销售呈现增长态势，随着国内消费者对洋酒认知度提升，一些电商平台上威士忌产品种类不断丰富，销售额也稳步增长。以部分跨境电商平台为例，2024年威士忌的进口量和销售额都有不同程度的增长，一些知名品牌的限量版或高端产品在网上备受关注，抢购热度较高。

（二）线下商超及经销商门店

葡萄酒：线下葡萄酒销售面临一定挑战，市场竞争激烈，受到白酒、啤酒等传统酒种的挤压。消费者在商超购买葡萄酒时，品牌选择较多，除了国产葡萄酒，进口葡萄酒也占据较大市场份额，消费者在选择时较为谨慎，购买频率相对较低。

白酒：线下渠道面临库存压力、消费行为变化和租金成本等多重挑战。2024年线下商超和经销商门店的销售情况相对平淡，一位深圳福田区的烟酒行业负责人表示，2024年中秋、十一双节旺季销售不佳，对2025年春节的消费市场预期并不乐观。线下商超的白酒销售负责人也表示，近期商场的白酒销量与往常相当，预计春节前会有所好转。

啤酒：线下渠道受餐饮、夜场等渠道表现疲软的影响较大，2024年华润啤酒董事局主席侯孝海表示，由于餐饮、夜场等渠道表现疲软，以及炎热天气持续时间短、雨水较多影响了旺季出货量。过去啤酒通过投放冰柜抢终端专销权的竞争方式效果减弱，现在品牌大战更多是通过高端啤酒战略抢夺消费场景。

果酒：在传统线下商超中，果酒铺货率相对较低，除了一些知名品牌的果酒有一定陈列外，多数小众果酒品牌较难进入线下主流销售渠道。不过在一些精品超市、便利店或针对年轻消费群体的零售门店中，果酒有一定的市场空间，但整体线下销售规模仍相对较小。

威士忌：在一些高端烟酒专卖店或进口食品专卖店中，威士忌有相对稳定的消费群体，不过相比白酒等传统酒种，其线下受众范围较窄。线下销售主要集中在知名品牌的常规产品，一些小众或新品牌威士忌在线下推广难度较大，需要投入更多资源进行市场培育。

（三）餐饮及夜场渠道

葡萄酒：在中高端餐饮场所，葡萄酒是常见的佐餐酒选择，尤其是一些西餐厅、日料店等对葡萄酒的搭配较为重视。在夜场中，葡萄酒消费也有一定占比，不过相比啤酒和烈酒，葡萄酒的消费场景和消费频次相对有限。一些高端葡萄酒在商务宴请的餐饮场景中仍有稳定需求。

白酒：白酒在餐饮渠道尤其是中餐厅中占据主导地位，是商务宴请、家庭聚餐等场合的热门选择。在2024年，虽然行业面临调整，但高端白酒凭借强定价权与渠道掌控力，在商务宴请等餐饮场景中维持价格体系稳定，销售表现相对稳健，不过次高端白酒在餐饮渠道竞争加剧，部分品牌销售承压。

啤酒：啤酒是餐饮和夜场渠道的传统畅销品类，在烧烤店、大排档、酒吧等场所，啤酒是消费者的首选饮品之一。然而，2024年餐饮和夜场渠道表现疲软，对啤酒销量产生较大影响，如华润啤酒、百威亚太等企业在这方面均受到冲击。

果酒：在一些时尚餐厅、甜品店或清吧等场所，果酒作为特色饮品有一定市场，因其口感清甜、酒精度低，适合女性消费者和不太能接受高度酒的人群。但在主流餐饮和夜场消费中，果酒的份额仍然较小，尚未形成大规模的消费潮流。

威士忌：在夜场和一些高端酒吧中，威士忌是重要的酒品之一，特别是一些知名品牌的威士忌常作为调酒基酒或纯饮选择。在餐饮渠道，威士忌在一些高端西餐厅或与威士忌品牌有合作推广的餐厅中，也有一定的消费群体，但整体消费规模和覆盖范围不及白酒和啤酒。

二、葡萄酒在各渠道的优势与劣势

（一）优势

1. 线上渠道

品牌传播优势：通过线上平台可以精准触达目标消费者，京东超市依托超4000万名葡萄酒高潜用户，针对不同品牌、产品定位进行精准推广。可以利用专题页面、品鉴指南、产区文化等专业内容吸引消费者关注，提升品牌知名度和产品认知度，如京东超市"首届顶级中国葡萄酒选鉴"专区上线后，依托百万级曝光及超50篇专业内容，用户互动量超10万人次。

产品展示优势：线上平台能够全方位展示葡萄酒产品信息，包括产地、品种、酿造工艺、口感描述等，还可通过图片、视频等形式让消费者更直观地了解产品，满足消费者对葡萄酒知识和品质的追求。

销售灵活性优势：线上销售不受地域和时间限制，消费者可以随时下单购买，同时线上平台还能方便开展促销活动，如百亿补贴、秒杀等，刺激消费者购买，京东超市对获奖酒款给予百亿补贴、秒杀等单品强引流资源，带动国产精品葡萄酒年货期间销售突破千万元。

2. 餐饮渠道

佐餐搭配优势：葡萄酒丰富的风味类型使其能与各种美食进行精妙搭配，提升用餐体验，尤其在中高端餐饮和西餐领域，葡萄酒作为佐餐酒的地位不可替代，为消费者提供了独特的饮食文化体验。

品牌形象优势：在餐饮场所提供高品质葡萄酒，有助于提升餐厅的档次和品牌形象，吸引追求品质生活的消费者，反过来也为葡萄酒品牌提供了高端展示平台，形成品牌与餐厅的互利共赢。

（二）劣势

1.线上渠道

竞争激烈：众多葡萄酒品牌纷纷布局线上，包括国内外大量品牌，市场竞争白热化，消费者选择众多，导致单个品牌获取流量和市场份额难度加大，新品牌或小众品牌在线上脱颖而出较为困难。

信任度问题：线上葡萄酒产品质量参差不齐，部分消费者担心购买到假冒伪劣产品或品质不符的葡萄酒，对线上购买葡萄酒存在一定信任顾虑，影响购买决策。

2.线下渠道

铺货难度：在商超和经销商门店，葡萄酒面临白酒、啤酒等传统强势酒种的竞争，货架资源有限，葡萄酒产品要获得理想的陈列位置和铺货量难度较大，尤其是国产葡萄酒在与进口葡萄酒竞争货架资源时处于相对劣势。

消费认知不足：线下消费者对葡萄酒的认知度和接受度相对白酒、啤酒等酒种较低，部分消费者缺乏葡萄酒品鉴知识和消费习惯，不知道如何选择适合自己的葡萄酒，导致葡萄酒在终端销售时推广难度较大。

3.餐饮及夜场渠道

消费场景受限：相比啤酒和白酒，葡萄酒在餐饮和夜场的消费场景相对较窄，啤酒适合大众餐饮、聚会狂欢等场景，白酒在商务宴请、传统节日聚餐中应用广泛，而葡萄酒主要集中在特定餐饮类型和部分高端消费场景，限制了其消费频次和市场规模。

营销成本高：在餐饮和夜场渠道进行葡萄酒推广，需要投入大量资源用于与餐厅、酒吧等的合作，包括举办品鉴活动、支付进场费、提供人员培训等，营销成本较高，且效果难以保证。

三、扬长避短策略

（一）线上渠道策略

精准营销：利用大数据分析进一步细化目标客户群体，针对不同消费层级、口味偏好、地域特点等制订个性化营销方案。例如,针对年轻消费者推出小瓶装、个性化包装的葡萄酒,并结合社交媒体平台进行互动式营销;针对高端消费者,推送限量版、收藏级葡萄酒信息,并提供专属服务。

品质保障与信任建设:葡萄酒品牌应加强与正规电商平台合作,确保产品正品及品质。通过提供产品溯源信息、第三方检测报告等方式,增强消费者信任。同时,积极收集消费者评价和反馈,及时处理售后问题,树立良好品牌口碑。

创新销售模式:除传统电商销售外,探索直播带货、社群团购、会员制销售等创新模式。邀请葡萄酒专家或网红进行直播品酒、讲解葡萄酒知识,带动产品销售;利用社群聚集葡萄酒爱好者,开展团购活动,增加用户黏性和产品销量;推出会员专属优惠、优先购买权、定制酒款等服务,吸引消费者成为会员并持续复购。

(二)线下渠道策略

优化铺货与陈列:葡萄酒企业应加强与线下商超、经销商的合作,通过提供陈列费用支持、开展促销活动、优化产品组合等方式,争取更好的铺货位置和陈列面积。同时,设计具有吸引力的陈列方式,如打造葡萄酒文化展示区、主题陈列等,突出产品特色,吸引消费者目光。

消费者教育:在线下门店开展葡萄酒品鉴活动、知识讲座等,提高消费者对葡萄酒的认知度和品鉴能力。培训门店销售人员,使其具备专业的葡萄酒知识,能够为消费者提供准确、专业的购买建议,引导消费者选择适合自己的葡萄酒产品,培养消费者的购买习惯和忠诚度。

拓宽新兴线下渠道:除传统商超和经销商门店外,关注新兴线下渠道,如精品超市、便利店、社区团购自提点等。针对不同渠道特点,开发定制化产品或包装,满足消费者即时便利的购买需求。例如,在便利店推出单支小瓶装葡萄酒,方便消费者即时购买饮用。

(三)餐饮及夜场渠道策略

场景拓展与创新:葡萄酒品牌应积极与各类餐厅、酒吧合作,拓展葡萄酒消费场景。除传统的中高端餐饮和西餐外，尝试与中餐厅、烧烤店、火锅店等合作，开发适合不同菜品搭配的葡萄酒产品，并进行针对性推广。在夜场中，结合音乐、表演等元素，打造葡萄酒主题派对或活动，吸引更多消费者体验，逐步扩大消费群体。

合作营销与互利共赢：与餐饮和夜场商家建立深度合作关系，共同开展营销活动。例如，推出葡萄酒与美食套餐组合，给予消费者一定价格优惠；为餐厅、酒吧提供葡萄酒促销物料、人员培训等支持，帮助商家提高葡萄酒销售业绩；同时，借助商家的客户资源和品牌影响力，提升葡萄酒品牌知名度和产品销量，实现双方互利共赢。

产品定制与差异化：根据餐饮和夜场渠道的消费特点，开发定制化葡萄酒产品。例如，针对夜场消费者对口感和酒精度的特殊需求，推出低酒精度、口感清爽、带有果香的葡萄酒；为餐厅定制专属酒标，将餐厅文化与葡萄酒品牌相结合，增加产品的独特性和吸引力，满足消费者个性化消费需求。

第五节　产品和渠道创新组合

一、多元化产品矩阵构建

（一）健康导向产品研发

随着消费者健康意识的不断提升，其对葡萄酒的健康属性越发关注。未来，酒企应加大在低醇、无醇、有机及富含抗氧化成分等健康导向型葡萄酒产品的研发投入。例如，通过先进的酿造工艺，精准控制酒精发酵过程，生产出酒精度更低但风味依旧浓郁的葡萄酒；采用有机种植方式，杜绝化学农药与化肥的使用，确保葡萄酒的天然纯净，满足消费者对健康与品质的双重追求。同时，功能性葡萄酒也将成为创新热点，如添加具有特定保健功能成分（白藜芦醇提取物）的葡萄酒产品，有望在注重养生的消费群体中打开市场。

（二）个性化定制产品拓展

年轻消费群体的崛起，尤其是"Z世代"，其追求个性化的消费观念正深刻影响着葡萄酒市场。酒企将进一步拓展个性化定制产品服务，从酒标设计到葡萄酒口感、风味的定制，满足消费者对个性化的需求。消费者可以根据自己的喜好，选择不同品种葡萄的混酿比例，定制专属口感的葡萄酒；在酒标上印制个人照片、祝福语或独特的设计元素，使其成为独一无二的礼物或纪念酒款。这种个性化定制服务不仅能够提升消费者的参与感与忠诚度，还为葡萄酒产品赋予了更多情感价值与社交属性。

（三）场景化产品组合

葡萄酒市场的繁荣，离不开对多元消费场景的精准把握与产品适配。不同场景中，消费者对葡萄酒的需求从产品形态到包装设计，再到购买渠道，都呈现出显著差异，这也直接影响着各类产品的市场增速（见表5-6）。

表5-6　消费场景

消费场景	产品形态	代表产品	渠道匹配	增速（%）
家庭自饮	小瓶装（375mL）/四支装	张裕"小酌时光"系列	即时零售/社区团购	+45
商务宴请	限量版礼盒/大瓶装（1.5L）	龙谕M12总统款礼盒	精品店/电商高端馆	+200
夜场/聚会	低度桃红/气泡酒	西鸽"云雀"桃红葡萄酒	夜场渠道/直播电商	+50.6
礼品市场	生肖定制酒/年份纪念酒	长城"中国红"生肖系列	专卖店/企业团购	+35

二、渠道效率全景图

（一）全渠道效率指标对比

流量效率：线上渠道（综合电商+直播电商）贡献45%的新客获取效率，主要依赖大数据精准推荐与内容种草。

履约效率：即时零售（O2O）以承担30%的极速配送订单领先，30分钟达服务覆盖85%地级市。

体验效率：专卖店/体验店以2%的流量占比实现最高单客价值（平均1500元/客），成为高端市场核心触点（见图5-1）。

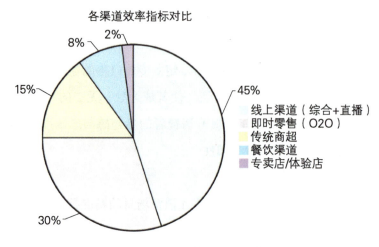

图5-1　渠道效率全景图（2024年）

（二）渠道成本结构对比

在葡萄酒销售领域，不同销售渠道的成本结构存在显著差异，深入了解这些差异有助于企业优化成本管理，选择更具经济效益的销售渠道。以下将对线上渠道、即时零售、传统商超、餐饮渠道和专卖店的成本结构进行详细分析。在葡萄酒销售领域，不同销售渠道的成本结构存在显著差异，深入了解这些差异有助于企业优化成本管理，选择更具经济效益的销售渠道（见表5-7）。

表5-7　各渠道成本占比分析

成本项目	线上渠道（%）	即时零售（%）	传统商超（%）	餐饮渠道（%）	专卖店（%）
营销成本	25	18	15	20	10
物流成本	15	30	10	8	12
运营成本	30	25	35	40	45
库存成本	10	12	20	15	18
其他成本	20	15	20	17	15

线上渠道因激烈的流量竞争，需投入大量资源用于广告投放、平台推广等，导致营销成本占比较高。即时零售对配送时效的严苛要求，促使其构建密集配送网络与高效调度系统，从而物流成本突出。传统商超涵盖门店租赁、员工薪酬、货架陈列等多项开支，运营成本居高不下。餐饮渠道除运营成本外，高额进场费与促销费用进一步拉高了整体成本。专卖店注重体验服务，店铺规模相对较小，运营成本占比相对较高，同时，为保证产品丰富度，库存成本也不容忽视。

（三）渠道管理优化

供应链协同优化：葡萄酒企业应与上下游合作伙伴构建紧密协同的供应链体系。通过信息共享，实现库存的精准管理，降低库存成本。例如，宁夏产区的酒庄可与当地物流企业合作，整合运输资源，提高配送效率，减少物流成本。同时，优化生产计划，根据市场需求动态调控产量，降低库存风险。

数字化转型深入推进：加大在数字化技术上的投入，利用大数据、人工智能等技术提升渠道运营效率。在销售端，通过数据分析消费者购买行为与偏好，实现精准营销，提高营销投入回报率。在供应链端，借助物联网技术实现货物实时跟踪，优化物流配送路径。如张裕公司利用数字化系统对全国仓库进行实时监控与管理，有效降低了库存水平，从而提升了库存周转率。

渠道整合与创新：加强线上与线下渠道的融合，实现全渠道库存共享、订单互通。消费者在线上下单后，可选择到最近的线下门店自提商品，提升购物便捷性。同时，创新渠道模式，如开展社群营销、直播带货等新兴销售方式。例如，新疆玛纳斯产区的酒庄通过抖音等平台开展直播带货，直接面向消费者销售产品，缩短了渠道链条，提高了销售效率。

第六节　市场发展路径

一、市场驱动力分析

（一）经济增长与消费升级驱动

随着国内经济持续稳定增长，居民可支配收入稳步提升，为葡萄酒市场扩容提供了坚实的经济基础（见表5-8）。国家统计局数据显示，近年来中国居民人均可支配收入保持增长，这使得消费者在酒类消费上的预算逐渐增加，对葡萄酒品质与品类的要求也日益提高。新兴中产阶级群体崛起，其追求高品质生活方式的消费观念，进一步推动了葡萄酒市场朝高端化、个性化方向发展。例如，在一些一线城市，高端葡萄酒品鉴会、私人酒窖定制等服务逐渐兴起，反映出消费者对葡萄酒消费体验的精细化需求。

表5-8　近年来中国居民人均可支配收入增长情况

年份	全国居民人均可支配收入名义增长速度	扣除价格因素后实际增长速度
2021	9.1	8.1
2022	5.0	2.9
2023	6.3	6.1
2024	5.3	5.1

（二）数字化赋能市场发展

数字化技术在葡萄酒行业的应用正不断深化，从生产环节的智能酿造设备、精准农业技术，到销售渠道的大数据营销、电商直播、即时零售等，全方位提升了行业运营效率。在渠道端，大数据分析能够精准洞察消费者需求，助力酒企精准定位目标客户群体，实现产品的精准推送。如京东超市通过对海量用户数据的分析，为葡萄酒品牌提供个性化的营销方案，帮助品牌提升销售额。直播电商的兴起，不仅拓宽了销售渠道，还通过主播的现场演示与讲解，增强了消费者对葡萄酒产品的认知与购买意愿。未来,随着5G、人工智能、物联网等技术的进一步发展,数字化将持续赋能葡萄酒市场,创造更多新的消费场景与商业模式。

(三)国产葡萄酒产区国际影响力提升

中国葡萄酒产区近年来在国际舞台上崭露头角,宁夏、新疆、山东等产区的葡萄酒在国际葡萄酒大赛中屡获殊荣,如宁夏产区在Decanter世界葡萄酒大赛中的获奖数量逐年增加,这极大提升了国产葡萄酒的国际知名度与美誉度。产区影响力的提升,一方面吸引了更多国际资本与技术的注入,促进国产葡萄酒品质的进一步提升;另一方面也为国产葡萄酒开拓国际市场奠定了基础。同时,国内消费者对国产葡萄酒的认可度也在不断提高,形成了国产葡萄酒在国内外市场双轮驱动的发展态势,推动中国葡萄酒市场迈向新的发展高度。

(四)新兴渠道持续创新发展

即时零售、直播电商、社群团购等新兴渠道将继续保持快速发展态势,并不断创新业务模式。例如,即时零售可能会拓展到更多品类与场景,直播电商将更加注重内容质量与用户体验,社群团购将朝精细化运营方向发展。酒企需密切跟踪新兴渠道动态,及时优化渠道策略,把握市场机遇。

二、市场主体的行动

(一)葡萄酒生产企业

强化品牌建设:结合产区特色与产品优势,打造具有差异化的品牌形象。如宁夏产区的酒庄可依托当地独特的风土条件与国际赛事获奖成果,讲好品牌故事,提升品牌知名度与美誉度。加大品牌宣传投入,利用线上线下多种渠道进行品牌推广,提高品牌曝光度。

优化产品组合:根据市场需求变化,丰富产品品类与价格带。在巩固中高端产品的基础上,推出适合大众消费的高性价比产品,满足不同消费群体的需求。同时,注重产品创新,开发如有机葡萄酒、功能性葡萄酒等特色产品,引领市场消费潮流。

提升产品质量：从葡萄种植源头抓起，严格把控原材料质量。引进先进的酿造技术与设备，加强生产过程管理，确保产品品质稳定。建立完善的质量追溯体系，让消费者能够全面追溯产品的生产过程与质量信息，增强消费者对产品的信任。

（二）进口商

优化选品策略：密切关注国际葡萄酒市场动态，结合国内消费者需求偏好，引进具有市场潜力的优质进口葡萄酒产品。除了传统知名产区的产品，挖掘一些新兴产区的特色葡萄酒，为消费者提供更多选择。

加强供应链管理：与国外供应商建立长期稳定的合作关系，确保货源稳定。优化进口流程，降低进口成本，从而提高产品的市场竞争力。同时，加强库存管理，根据市场销售情况合理控制库存水平，避免库存积压。

开展本地化营销：针对国内市场特点，制定本地化的营销方案。与国内的电商平台、经销商等合作，开展线上线下的营销活动，提高产品的市场占有率。加强品牌推广，提升进口葡萄酒品牌在国内消费者中的认知度与美誉度。

（三）经销商

拓宽销售渠道：在巩固传统销售渠道的基础上，积极拓宽新兴渠道。如与电商平台合作开展线上销售，参与即时零售业务，满足消费者便捷购物的需求。同时，加强与餐饮、酒店等终端渠道的合作，拓展产品销售场景。

提升服务水平：为客户提供专业的葡萄酒知识培训与咨询服务，帮助客户更好地了解产品。优化配送服务，确保产品能够及时、准确地送达客户手中。建立客户反馈机制，及时处理客户的投诉与建议，提高客户满意度。

加强与上游合作：与葡萄酒生产企业、进口商保持密切沟通与合作，共同制定市场推广策略。积极参与上游企业组织的培训与活动，提升自身的业务能力与专业水平。同时，向上游企业反馈市场信息，为产品研发与改进提供参考。

三、未来研究方向拓展

（一）消费群体细分与消费心理洞察

除了关注不同年龄、性别、地域等传统维度的消费群体差异，未来可深入探究消费者的生活方式、价值观、兴趣爱好等因素对葡萄酒消费行为的影响。例如，针对户外运动爱好者群体，研究适合其在户外活动场景下饮用的葡萄酒产品需求，包括包装形式、酒精度数、口感风味等方面的偏好。同时，运用心理学研究方法，如深度访谈、焦点小组讨论等，分析消费者在购买葡萄酒时的心理决策过程，了解消费者对葡萄酒品牌形象、文化内涵的认知与情感诉求，为企业打造具有情感共鸣的品牌提供理论支持。

（二）新兴渠道商业模式创新研究

随着即时零售、社群团购、跨境电商等新兴渠道的不断发展，其商业模式也在持续创新。未来研究可聚焦于新兴渠道中供应链整合模式的创新，如即时零售中前置仓的布局优化、库存管理策略；社群团购中团长激励机制、产品组合策略等。同时，研究新兴渠道中消费者互动模式的创新，如直播电商中的互动游戏、虚拟试饮等功能对消费者购买决策的影响；跨境电商中利用社交媒体平台进行跨境营销，打破文化与地域障碍，提升品牌在国际市场的知名度与影响力。

（三）葡萄酒市场区域差异化深入挖掘

在区域差异化研究方面，未来可从微观层面分析不同城市，甚至不同街区的葡萄酒市场特征。例如，研究一线城市核心商圈与城郊接合部在葡萄酒消费需求、渠道偏好、品牌认知等方面的差异；分析不同地域文化背景下，消费者对葡萄酒与当地美食搭配的独特需求与创新方式。此外，结合区域经济发展规划，研究葡萄酒产业与当地旅游、文化等产业融合发展的模式与路径，为区域葡萄酒市场的可持续发展提供创新思路。

（四）葡萄酒行业可持续发展实践深化

在可持续发展研究领域，未来可进一步探讨葡萄酒企业在绿色生产技术研发与应用方面的实践。例如，研究生物动力法在葡萄种植中的应用效果与推广难点；分析智能能源管理系统在葡萄酒酿造过程中的节能减排效果与潜力。在环保包装方面，研究可降解、可回收包装材料在葡萄酒行业的应用成本与市场接受度。同时，关注葡萄酒企业在社会责任履行方面的创新实践，如参与公益活动、助力乡村振兴等，以及这些实践对企业品牌形象与市场竞争力的影响。

第七节　葡萄酒市场与渠道创新

一、葡萄酒市场创新

（一）产品创新

未来葡萄酒产品创新将呈现多元化趋势。在品类创新上，除了现有的干红、干白、桃红等品类，加强对甜型葡萄酒、微气泡葡萄酒、葡萄酒与果酒的调配酒、冰酒、贵腐酒等小众品类的研发与推广，满足不同消费者的口味需求。在产品形态创新上，推出更多个性化包装，如便携式小瓶装、可重复密封包装等，适应不同消费场景。同时，注重功能性葡萄酒的研发，如富含抗氧化成分、低醇或无醇的葡萄酒产品，满足消费者对健康与品质生活的追求。

（二）营销创新

营销创新将成为葡萄酒企业提升市场竞争力的关键。一方面，利用元宇宙、虚拟现实（VR）、增强现实（AR）等新兴技术，打造沉浸式营销体验。例如，消费者通过VR设备可以身临其境地参观葡萄酒庄，了解葡萄酒酿造过程；利用AR技术扫描葡萄酒瓶标，获取产品详细信息、品鉴指南等。另一方面，开展跨界营销，与时尚、艺术、文化等领域的品牌进行合作，举办葡萄酒主题艺术展览、时尚派对等活动，提升葡萄酒品牌的文化内涵与时尚感，吸引更多年轻消费者群体。

（三）渠道创新

渠道创新将围绕提升消费者购物体验感与运营效率展开。在全渠道融合方面，实现线上线下会员体系、库存管理、营销活动的全面打通，消费者可以在不同渠道间无缝切换，享受一致的购物服务。同时，探索新兴渠道模式，如葡萄酒共享平台，消费者可以在平台上共享未喝完的葡萄酒，降低消费成本；发展葡萄酒订阅服务，根据消费者的口味偏好定期为其配送个性化的葡萄酒产品，提升客户黏性与忠诚度。

二、渠道创新多元

（一）跨界融合渠道拓展

葡萄酒行业将与更多领域展开跨界合作，拓展销售渠道与消费场景。与文化艺术领域合作，在艺术展览、文化活动现场设置葡萄酒体验区，将葡萄酒与艺术文化相融合，吸引文艺爱好者群体；与旅游行业合作，开发葡萄酒主题旅游线路，游客在参观酒庄、了解葡萄酒酿造过程的同时，能够直接购买特色葡萄酒产品；与健身、美容等健康产业合作，推出适合运动后饮用的低卡葡萄酒或与美容护肤产品搭配销售的葡萄酒礼盒，打破传统渠道边界，开拓新的消费市场。

（二）社区化渠道深耕

社区团购、社区便利店等社区化渠道将成为葡萄酒销售的重要阵地。酒企与经销商将更加注重社区市场的深耕，通过与社区团购团长合作，开展团购活动，以优惠的价格和便捷的配送吸引社区居民购买；在社区便利店设置葡萄酒专区，根据社区居民消费特点，选择高性价比、小包装的葡萄酒产品进行陈列销售。同时，举办社区葡萄酒品鉴会、知识讲座等活动，增强与社区消费者的互动，提升品牌在社区的知名度与美誉度，培养稳定的社区消费群体。

三、营销创新不断延伸

（一）内容营销精细化

随着消费者对信息获取的质量与深度要求提高，葡萄酒品牌的内容营销将朝精细化方向发展。除了传统的葡萄酒知识科普、品鉴技巧分享，品牌将更加注重挖掘葡萄酒背后的故事，如酒庄的历史传承、酿酒师的匠心故事、葡萄种植的风土特色等，通过短视频、图文、直播等多种形式，以生动有趣、富有情感的方式呈现给消费者。例如，制作系列纪录片，跟随酿酒师的脚步，记录从葡萄种植到葡萄酒酿造的全过程，让消费者深入了解葡萄酒的诞生，增强对品牌的认同感与好感度。

（二）体验营销沉浸式升级

体验营销将进一步升级，打造更加沉浸式的体验场景。酒庄将利用虚拟VR、AR技术，为游客提供虚拟酒庄游览、葡萄种植与酿造过程模拟体验等服务，让游客即使无法亲临酒庄，也能真切地感受葡萄酒文化魅力。在城市商业中心，品牌将开设沉浸式葡萄酒体验店，通过灯光、音效、气味等元素营造出独特的葡萄酒氛围，消费者在店内可以参与互动式品鉴、葡萄酒调配体验等活动，全方位提升消费者的体验感，将葡萄酒消费从单纯的产品购买转变为一种文化体验与情感享受。

通过对葡萄酒市场创新趋势的多维度探讨，我们清晰地看到，在消费升级、技术变革等因素驱动下，葡萄酒行业正处于创新发展的关键时期。各市场主体需紧紧抓住创新机遇，以产品创新为核心，以渠道创新为支撑，以营销创新为动力，不断适应市场变化，满足消费者日益多样化的需求，如此方能在激烈的市场竞争中立于不败之地，推动中国葡萄酒市场持续繁荣发展，在全球葡萄酒产业格局中占据更为重要的地位。

展望未来，中国葡萄酒市场在创新驱动下，将迎来更为广阔的发展空间与更多的机遇。随着产品创新的持续深化，健康导向型、个性化定制葡萄酒等新品类将不断丰富市场，满足消费者日益多样化的需求，推动葡萄酒消费市场进一步扩容。渠道创新的多元探索,将打破传统渠道边界,拓展销售渠道与消费场景,提升产品流通效率,促进葡萄酒市场的区域均衡发展与消费下沉。营销创新的不断延伸,将通过精细化内容营销与沉浸式体验营销,增强消费者与品牌的互动与情感联治,提升品牌忠诚度与市场美誉度。

然而,市场主体在抓住创新机遇的同时,也需清醒地认识到可能面临的挑战,并积极采取应对措施。通过加强市场主体间的协同合作,整合行业资源,形成创新合力;加大技术创新投入力度,培养与吸引专业人才,提升行业创新能力;强化消费者教育与市场推广,提高消费者认知与市场接受度;完善行业标准与规范体系,保障创新发展的有序进行。在各方共同努力下,中国葡萄酒市场将逐步实现从规模扩张向高质量发展的转型,在全球葡萄酒产业格局中展现出更强的竞争力与影响力,为消费者带来更多优质、多元、富有文化内涵的葡萄酒产品与消费体验。

第六章

中国葡萄酒产业发展效益评价

中国葡萄酒产业正处于转型升级的关键时期，构建科学的产业效益指标体系对其高质量发展意义重大。一方面，这一体系能够精准评估产业竞争力，通过量化分析盈利能力、成本与税收结构等关键指标，清晰展现国产葡萄酒与国际领先产区的差距，为政策制定者与企业经营者提供有力的决策依据。另一方面，效益指标有助于提升产业政策的精准度，借助投资回报率、税收贡献等数据，可动态优化财政补贴、技术推广等政策工具，实现资源的高效配置。完善的效益指标体系还能增强行业信心，公开透明的经营数据可吸引资本投入，彰显龙头企业市场领导力的同时，凸显精品酒庄的高成长性，推动产业多元化发展，为应对消费升级、国际竞争等挑战筑牢根基。

第一节　葡萄酒产业发展基础分析

基于中国葡萄酒产业现状及数据来源，通过2022—2023年上市公司财务报告，按照中国乡村发展志愿服务促进会制定的产业规模指标、产业效益指标、产业发展指标、产业发展指数、产业创新指数及测算办法进行测算，为政策制定、企业运营及投资决策提供参考，助力产业竞争力提升。

一、葡萄酒产业发展基础概况

（一）样本选取依据

本研究选取张裕a、王朝酒业、威龙、中信尼雅、通葡、莫高、皇台酒业七家葡萄酒上市公司作为核心样本。地域上，样本企业覆盖环渤海、京津冀、山东、西北、河西走廊等核心产区，生产布局与酿酒葡萄主产区高度契合。作为上市公司，其财务数据规范透明，连续多年的经营指标披露，使其成为行业景气度的重要风向标。尽管样本对中小微企业覆盖不足，但作为行业头部力量，能够精准反映中国葡萄酒产业的核心特征与发展趋势，在资本市场葡萄酒板块中具有代表性。

（二）产业基本面分析

通过对张裕a、王朝酒业、威龙、中信尼雅、通葡、莫高、皇台酒业等具有代表性的企业在2022年度和2023年度的相关数据进行梳理与分析，可以更深入地了解中国葡萄酒产业基础的变化情况，洞察产业发展过程中面临的机遇与挑战，为产业的可持续发展提供参考和决策依据（见表6-1）。

葡萄种植面积：整体呈现下降趋势，葡萄种植面积平均变化率为-27.83%。张裕a的种植面积保持稳定，为250000亩不变；王朝酒业从12000亩增加到15000亩；威龙从19000亩减少到15000亩；中信尼雅从18000亩减少到13000亩；通葡保持2000亩不变；莫高从10000亩减少到9600亩；皇台酒业保持4416亩不变。

葡萄酒年生产量：葡萄酒生产量平均变化率为29.15%，整体呈显著增长。张裕a的生产量从90099吨增加到90897吨；王朝酒业保持50000吨不变；威龙从9780.73吨增加到9866.78吨；中信尼雅从9655.46吨增加到10802.14吨；通葡从2242吨减少到1999吨；莫高从4200吨减少到3600吨；皇台酒业从840.87吨增加到1182.58吨。

库存：整体分化明显，库存平均变化率为-32.48%。张裕a的库存从27427吨减少到25996吨；威龙从3534.20吨增加到4486.70吨；中信尼雅从113338.26吨增加到116471.10吨；通葡从2207吨减少到757吨；莫高从1572吨减少到1486吨；皇台酒业从3416.69吨增加到3901.62吨。

葡萄酒从业人数：整体呈下降趋势，从业人数平均变化率为-19.66%。张裕a的从业人数从2270人减少到2188人；威龙从900人减少到800人；中信尼雅保持350人不变；莫高从506人减少到481人；王朝酒业和通葡保持从业人数380人不变。

表 6-1　代表企业葡萄酒产业基本情况

项目	张裕a		王朝酒业		威龙		中信尼雅		通葡		莫高		皇台酒业		产业基础平均变化率(%)
	2022年	2023年	2022年	2023年	2022年	2023年	2022年	2023年	2022年	2023年	2022年	2023年	2022年	2023年	
葡萄种植面积（亩）	250000	250000	12000	15000	19000	15000	18000	13000	2000	2000	10000	9600	4416	4416	-27.83
葡萄酒年生产量（吨）	90099	90897	50000	50000	9780.73	9866.78	9655.46	10802.14	2242	1999	4200	3600	840.87	1182.58	29.15
库存（吨）	27427	25996	—	—	3534.20	4486.70	113338.26	116471.10	2207	757	1572	1486	3416.69	3901.62	-32.48
葡萄酒从业人数（人）	2270	2188	380	380	900	800	350	350	380	380	506	481	—	—	-19.66

二、代表性上市葡萄酒企业经济效益分析

产业经济效益不仅是衡量企业经营质量的核心指标，更是反映行业整体竞争力与可持续发展能力的关键要素。通过对张裕a、王朝酒业等七家上市公司2022—2023年销售额、成本、利润等核心数据的深入剖析，能够清晰洞察产业经济效益的动态演变趋势，揭示行业在市场拓展、成本管控、盈利模式等方面的优势与短板，为推动中国葡萄酒产业高质量发展提供重要的决策参考（见表6-2）。

（一）年销售额：整体增长，头部企业优势扩大

2022—2023年，行业样本企业年销售额总和从571381.53万元增长至643089.65万元，增幅达12.55%。其中，张裕a年销售额从391894.12万元增至438476.43万元，增长11.89%，市场份额从42.68%提升至48.24%，龙头地位进一步巩固；王朝酒业年销售额从21560.00万元增至23820.00万元，增长10.48%；中信尼雅年销售额从1463.94万元激增至21154.67万元，增幅高达1345.05%，

表6-2 代表性葡酒企业的产业经济效益表

指标名称	张裕a		王朝酒业		威龙		中信尼雅		通葡		莫高		皇台酒业		年行业均值		行业样本加总数值		增长率(%)
	2022年	2023年	2022年	2023年	2022年	2023年	2022年	2023年	2022年	2023年	2022年	2023年	2022年	2023年	2022年	2023年	2022年	2023年	
年销售额(万元)	391894.12	438476.43	21560.00	23820.00	49883.88	38483.23	1463.94	21154.67	82105.69	85896.29	10831.50	19848.51	13642.40	15410.52	81625.93	91869.95	571381.53	643089.65	12.55
年成本(万元)	168079.47	178698.37	13309.74	15364.27	46466.14	40178.85	21368.25	22881.81	81936.10	86513.66	16929.26	21982.66	12871.61	15624.64	51565.80	54463.80	360960.57	381244.25	5.62
年上缴税收(万元)	28965.66	34973.55	—	—	3625.12	2975.45	1422.78	2009.05	1133.28	1118.58	634.73	861.33	2719.60	3006.22	6416.86	7490.70	38501.16	44944.18	16.73
年利润(万元)	62558.23	74746.62	1459.00	1934.00	1833.42	-15500.00	-92354.32	470.37	-3897.40	-6357.80	-12998.81	-4138.33	708.80	-1490.47	-6098.72	7094.91	-42691.07	49664.38	216.33
年资产收益率(%)	4.09	4.98	6.96	8.29	1.69	-24.62	-51.50	0.29	-14.85	-23.63	-10.94	-4.40	5.73	-11.78	-8.40	-7.27	-58.82	-50.87	1.13
年市场份额或占有率(%)	42.68	48.24	2.35	2.62	5.43	4.23	1.59	2.33	8.94	9.45	1.18	2.18	1.49	1.70	9.09	10.11	63.66	70.75	1.02

说明:用于评估产业的经营成果和市场表现。

展现出强劲的市场拓展能力；通葡年销售额从82105.69万元增至85896.29万元，实现4.62%的增长；莫高年销售额从10831.50万元提升至19848.51万元，增幅达83.25%；皇台酒业年销售额从13642.40万元增长至15410.52万元，涨幅为12.96%。

（二）年成本：增速低于收入，部分企业管控优化

行业年成本总和从2022年的360960.57万元增至2023年的381244.25万元，增幅5.62%，低于销售额增速。张裕a年成本从168079.47万元增至178698.37万元，增长6.32%，低于收入增速；王朝酒业年成本从13309.74万元增至15364.27万元，涨幅15.44%；中信尼雅年成本从21368.25万元提升至22881.81万元，增长7.08%；通葡年成本从81936.10万元增至86513.66万元，增长5.59%；莫高年成本从16929.26万元增长至21982.66万元，增幅达29.85%；皇台酒业年成本从12871.61万元增至15624.64万元，涨幅21.39%，部分企业成本管控效果显著。

（三）年上缴税收：整体上升，龙头贡献突出

2023年行业年上缴税收总额44944.18万元，较2022年增长16.73%。张裕a贡献34973.55万元，占行业总额近80%，且上缴税收从28965.66万元增至34973.55万元，增幅达20.74%，体现其规模优势与税收贡献；中信尼雅上缴税收从1422.78万元增长至2009.05万元，增幅41.21%；莫高上缴税收从634.73万元提升至861.33万元，增长35.70%；皇台酒业上缴税收从2719.60万元增至3006.22万元，涨幅10.54%，反映出企业经营效益提升对税收的积极影响。

（四）年利润：张裕领航，部分企业扭亏待解

行业年利润总额从2022年的-42691.07万元增至2023年的49664.38万元，实现显著增长。张裕a作为行业盈利支柱，从62558.23万元增至74746.62万元，增长19.48%，展现出强劲的逆势增长能力；王朝酒业年利润从1459.00万元增至1934.00万元，增幅32.56%；而中信尼雅则成功实现扭亏为盈，年利润从-92354.32万元增至470.37万元，标志着经营状况的显著好转。

（五）年资产收益率：部分企业改善，行业仍需突破

行业年资产收益率从2022年的-8.40%改善至2023年的-7.27%，其中张裕a

从4.09%提升至4.98%,资产运营效率持续优化;王朝酒业从6.96%升至8.29%,资产利用水平进一步提高;中信尼雅从-51.50%提升至0.29%,实现由负转正的关键突破,资产经营质量显著改善。

(六)年市场份额或占有率:头部集中趋势强化

行业整体市场份额从2022年的63.66%提升至2023年的70.75%,张裕a市场份额提升5.56个百分点至48.24%,王朝酒业提升0.27个百分点至2.62%,中信尼雅提升0.74个百分点至2.33%,通葡提升0.51个百分点至9.45%,莫高提升1个百分点至2.18%,皇台酒业提升0.21个百分点至1.70%,行业"强者恒强"的竞争格局进一步加剧。

三、上市葡萄酒企业产业发展分析

通过对2022—2023年新增生产能力指标与创新建设指标的系统分析,能够精准把握产业在固定资产投资、技术创新、人才培养等维度的发展脉络,挖掘产业发展潜力,剖析现存挑战,为探索中国葡萄酒产业长期竞争优势与可持续发展路径提供数据支撑与方向指引(见表6-3)。

新增固定资产投资额:反映企业在固定资产方面的投入规模,是衡量产业生产能力扩张潜力的重要指标。例如,2022年张裕a的新增固定资产投资额为602813.80万元,2023年为579508.26万元,显示出该企业在扩大生产规模方面的积极举措。

技术改造投资额:体现企业对现有生产技术和设备进行改进升级的投入情况,有助于提高生产效率和产品质量。如2022年王朝酒业的技术改造投资额为200万元,2023年为192.82万元。

年新增专利数:直观反映企业在技术创新方面的成果,专利数量的增加意味着企业在生产工艺、产品设计等方面有新的突破和进步。像2022年王朝酒业年新增专利数达50项,在行业中表现突出。

年新增研发品种:展示了企业在产品创新方面的努力和成果,不断推出新的产品品种有助于满足市场多样化的需求。2023年,张裕a的年新增研发品种为56个，位居行业前列。

年新增生产量：直接体现了产业生产能力的实际增长情况，是衡量产业发展规模和市场供应能力的关键指标。例如，2022年行业年新增生产量总计48733.49吨，2023年为66096.17吨，行业整体生产能力持续扩大，市场供应能力进一步增强，产业规模稳步增长。

年新增研发投入经费：反映企业对技术创新的资金投入力度，充足的研发经费是开展创新活动的重要保障。2023年，张裕a的年新增研发投入经费为1741.35万元，在行业中处于较高水平。

年培养人才数：体现企业在人才培养方面的成果，人才是推动产业创新发展的核心力量。2023年，张裕a年培养人才超过100人。虽然培养人才统计定义尚不清楚，统计的可能是本企业内的生产人才、科技人才、营销人才，有可能包括辅助人员、临聘人员等。各企业通过培养人才为产业发展提供了智力支持。

表6-3　2022—2023年度葡萄酒产业发展对比表

指标分类	指标名称	张裕a		王朝酒业		威龙		中信尼雅		通葡		莫高		皇台酒业	
		2022年	2023年	2022年	2023年	2022年	2023年	2022年	2023年	2022年	2023年	2022年	2023年	2022年	2023年
新增生产能力指标	新增固定资产投资额（万元）	602813.80	579508.26	—	—	39497.49	36967.57	12476.06	13075.19	18723.23	17874.83	56736.27	52008.75	9208.34	8826.82
	技术改造投资额（万元）	/	/	200.00	192.82	142.18	192.82	—	—	—	—	—	—	—	—
	年新增专利数（项）	4	7	50	22	2	1	0	7	0	0	6	0	2	0
	年新增研发品种（个）	25	56	18	29	0	1	—	—	2	3	2	5	3	4
	年新增生产量（吨）	-10638.00	798.00	50000.00	50000.00	9780.73	9866.78	-3234.48	1146.68	2242.00	1999.00	1166.00	1944.00	-582.76	341.71
创新建设指标	年新增研发投入经费（万元）	1543.13	1741.35	—	—	142.18	192.82	331.99	199.57	128.45	93.04	121.21	195.45	0.00	0.00
	年培养人才数（人）	139	139	—	—	23	18	30	32	15	15	7	14	30	32

四、葡萄酒产业发展与创新指数

（一）构建葡萄酒产业指数

指数按年进行计算。以报告期（每年）和基期相对比的相对数来表示，指数值大于100，则产业发展或产业创新水平相应基期有所提高；指数值小于100，则反之；指数值等于100，则报告期产业整体发展水平与基期水平相近。

1. 样本指标确定

产业发展选择9项样本指标：种植面积（18分）、年产量（18分）、年销售额（20分）、年上缴税收（8分）、年利润（10分）、年资产收益率（7分）；年新增资产投入（5分）、年研发经费投入（8分）、年申请专利（6分）。共计100分。

产业创新选择6项样本指标：新增固定资产投资额（含技术改造）（18分）、年新增研发投入经费（18分）、年新增专利数（16分）、新增研发品种（16分）、年新增生产量（16分）、年新增培养人才数（16分），共计100分。

2. 样本企业数确定

考虑同产业不同地区、不同生产类型、不同产品，选取7家葡萄酒上市公司为样本企业。

3. 基期基准指数确定

以2022年为基期年，指数确定为100。计算方法：将7家样本企业的各项样本指标分别加和，作为基期数据，按照对应的满分值确定。

（二）产业发展指数测算

1. 产业发展指数计算

按2023年度报告期7家样本企业的样本指标加和数与基期年2022年进行对比，乘以对应分值，得出报告期样本指标，最后9项指标加和，即为报告期产业发展指数。2023年，葡萄酒产业发展指数计算结果为79.03，较基期2022年的100有所下降，表明产业整体发展水平呈现下滑态势。以下结合各指标详细分析产业发展状况，见表6-4及图6-1。

生产基础指标：种植面积从2022年的312416.00亩下降至2023年的

306016.00亩，子指数17.63；年产量由163784.06吨升至166691.50吨，子指数18.32。尽管产量略有增长，但种植面积的持续缩减反映出葡萄酒产业上游生产基础面临收缩压力，未来可能给产能供给带来一定挑战。

市场与效益指标：年销售额从2022年的571381.53万元增长至2023年的643089.65万元，子指数22.51，显示产业在市场拓展方面取得一定成效；年上缴税收从2022年的38501.16万元增至2023年的44944.18万元，子指数9.34，侧面体现企业经营规模扩大。然而，年利润从2022年的-42691.07万元大幅增至2023年的49664.38万元，子指数仅-11.63；年资产收益率虽从2022年的-58.82%改善至2023年的-50.87%，但仍为负值，子指数6.05。利润与资产收益率的不佳表现，暴露出产业盈利能力薄弱，成本控制与运营效率亟待优化。

发展潜力指标：年新增资产投入从2022年的739797.36万元降至2023年的708647.05万元，子指数4.79；年研发经费投入从2022年的2266.96万元增长至2023年的2422.23万元，子指数8.55；年申请专利数量从2022年的64项减少至2023年的37项，子指数3.47。可见，产业在资产投入上趋于保守，专利创新成果显著减少，尽管研发投入有所增加，但整体创新驱动力不足，对产业长期发展的支撑有限。

表6-4　2023年葡萄酒产业发展指数测算表

指标	2022年加总数值	2023年加总数值	2023年子指数	2023年产业发展指数
种植面积（亩）	312416.00	306016.00	17.63	
年产量（吨）	163784.06	166691.50	18.32	
年销售额（万元）	571381.53	643089.65	22.51	
年上缴税收（万元）	38501.16	44944.18	9.34	
年利润（万元）	-42691.07	49664.38	-11.63	79.03
年资产收益率（%）	-58.82	-50.87	6.05	
年新增资产投入（万元）	739797.36	708647.05	4.79	
年研发经费投入（万元）	2266.96	2422.23	8.55	
年申请专利数（项）	64	37	3.47	

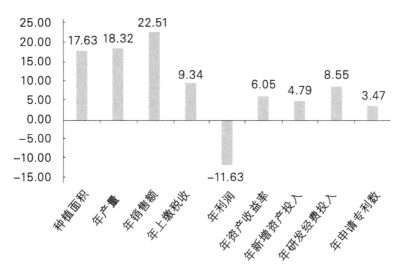

图6-1　2023年葡萄酒产业发展指数各指标贡献对比

综上所述，2023年葡萄酒产业在市场规模扩张的同时，面临生产基础萎缩、盈利能力下滑、创新动力不足等多重挑战。后续需要有针对性地加强种植管理与产能建设，优化成本结构以提升利润空间，加大创新资源投入并提高成果转化效率，从而推动产业健康可持续发展。

2. 葡萄酒产业创新指数测算

根据给定数据，2023年葡萄酒产业创新指数为115.18，表明相较2022年，产业在创新发展层面取得显著进步。以下从各细分指标展开深入分析，见表6-5及图6-2。

创新投入与硬件升级：新增固定资产投资额（含技术改造）虽从2022年的739797.36万元降至2023年的708647.05万元，但子指数仍达17.24。这说明行业在硬件设施与技术改造方面维持着较高投入水平，尽管投资规模略有收缩，但依然为产业创新提供了坚实的物质基础。年新增研发投入经费从2022年的2266.96万元增长至2023年的2422.23万元，子指数19.23，显示出企业对研发创新重视程度持续提升，资金投入的增加将为技术突破和产品升级注入动力。

创新成果产出：年新增专利数量从2022年的64项减少至2023年的37项，子指数仅9.25，反映出产业在创新成果转化效率上存在不足，需进一步优化创新激励机制，促进专利产出。令人欣喜的是，新增研发品种从2022年的50个翻倍至2023年的98个，子指数高达31.36，体现出企业积极探索市场需求，在产品创新上成果显著，为产业发展提供了新的增长点。

生产与人才储备：年新增生产量从2022年的48733.49吨增至2023年的66096.17吨，子指数21.70，生产能力稳步提升；年新增培养人才数从2022年的244人增加到2023年的250人，子指数16.39，尽管人才增速相对平缓，但人才队伍的持续壮大将为行业技术创新和高质量发展提供智力支撑，有助于增强产业的长期竞争力和可持续发展能力。

综合来看，2023年葡萄酒产业在创新投入与产品创新上表现亮眼，尽管专利产出有所下滑，但整体创新发展态势良好。未来产业可进一步优化创新资源配置，加强产学研合作，提高专利转化效率，同时稳固生产基础，发挥人才优势，推动产业创新发展迈向新台阶。

表6-5 2022—2023年葡萄酒产业创新指数

指标	2022年加总数值	2023年加总数值	2023年子指数	产业创新指数
新增固定资产投资额（含技术改造）（万元）	739797.36	708647.05	17.24	
年新增研发投入经费（万元）	2266.96	2422.23	19.23	
年新增专利数（项）	64	37	9.25	115.18
新增研发品种（种）	50	98	31.36	
年新增生产量（吨）	48733.49	66096.17	21.70	
年新增培养人才数（人）	244	250	16.39	

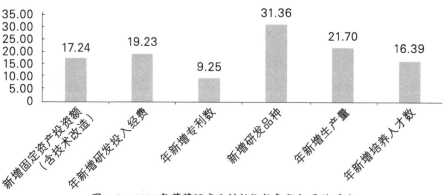

图6-2 2023年葡萄酒产业创新指数各指标贡献对比

第二节　葡萄酒产业发展效益评价

葡萄酒产业作为兼具经济价值与社会价值的特色产业,其发展对行业升级、区域经济增长及乡村振兴战略的推进具有深远影响。

一、对行业发展的促进作用

(一)技术革新与创新驱动

葡萄酒企业通过加大研发投入推动行业技术进步。2022—2023年,样本企业年新增研发投入经费从2266.96万元增长至2422.23万元,增幅达6.85%。其中,莫高研发投入从121.21万元增至195.45万元,张裕a从1543.13万元增至1741.35万元。尽管年新增专利数量从64项减少至37项,但研发品种几乎实现翻倍增长,从50个增加到98个。这表明企业更加注重产品创新与市场需求匹配,以张裕a为例,2023年新增56个研发品种,通过技术创新提升产品品质和差异化竞争力,推动行业从传统酿造朝精细化、特色化方向发展。

(二)标准引领与结构升级

头部企业凭借规模和技术优势,在行业标准制定中发挥引领作用。2023年,张裕a年销售额达438476.43万元,市场份额提升至48.24%,其生产标准和质量管理体系为行业提供了参考范本。随着行业整体市场份额从2022年的63.66%提升至2023年的70.75%,龙头企业通过优化产业结构,带动中小酒庄向规范化、标准化生产转型,加速行业资源整合,提升整体产品质量和市场竞争力。

二、对区域发展的带动效应

(一)产业集群与就业创造

葡萄酒产业在核心产区形成强大的产业集群。2023年,样本企业中仅张裕

a、王朝酒业、威龙三家企业的年生产量就达150763.78吨,带动上下游企业协同发展。从就业数据来看,2022—2023年行业葡萄酒从业人数虽整体呈下降趋势（平均变化率-19.66%）,但产区仍提供了大量岗位。张裕a2023年从业人数达2188人,涵盖种植、酿造、销售等多个环节,同时吸引了周边配套企业的劳动力需求,促进区域就业稳定。

（二）文旅融合与经济增值

葡萄酒产业与文化旅游的融合显著提升区域经济附加值。2023年,中信尼雅销售额从1463.94万元激增至21154.67万元,增幅高达1345.05%,其中酒庄旅游、葡萄酒品鉴活动等文旅项目贡献突出。产区通过举办葡萄酒文化节、打造酒庄旅游线路,吸引大量游客。据不完全统计,部分产区酒庄旅游收入占企业总收入的10%~15%,同时带动餐饮、住宿等服务业发展,进一步提升区域经济活力和知名度。

三、对全面乡村振兴的推动作用

（一）产业富民与结构优化

葡萄种植作为葡萄酒产业的基础,成为乡村振兴的重要抓手。2023年,尽管样本企业葡萄种植面积整体下降（平均变化率-27.83%）,但通过规模化、集约化发展,部分产区仍实现了农民增收。如王朝酒业种植面积从12000亩增加到15000亩,采用"企业+合作社+农户"模式,与周边农户签订长期收购协议,保障葡萄销路和价格稳定。2023年,莫高葡萄酒年生产量从1166吨增加到1944吨,带动当地葡萄种植户亩均增收,有效优化农村产业结构,提高土地经济效益。

（二）基建提升与人才培育

葡萄酒产业发展推动了农村基础设施建设和公共服务改善。为满足葡萄运输和产品销售需求,产区加大葡萄基地基础设施等投入。同时,企业与高校、科研机构合作开展技术培训。2023年,样本企业年培养人才数从244人增加到250人,张裕a、中信尼雅等企业通过举办种植技术培训班、酿酒工艺讲座等,提升农民专业技能,为乡村振兴培育本土人才。此外,企业将地域文化融入葡萄酒品牌,如皇台酒业挖掘地方历史文化,打造特色葡萄酒品牌,促进乡村文化传承与创新,实现产业、生态、文化协同发展。

葡萄酒产业通过技术创新、产业集群、产业融合等路径,在行业升级、区域发展和乡村振兴中发挥了关键作用。未来,需进一步强化政策引导,深化产业协同,推动葡萄酒产业持续为经济社会发展创造更大价值。

第三节　葡萄酒社会效益分析

一、促进就业与乡村振兴

葡萄酒产业具有较长的产业链,从葡萄种植、田间管理、采摘收获,到酿造生产、包装设计、市场营销,再到仓储物流、销售服务等环节,能够创造大量的就业岗位。葡萄种植环节为农户提供了稳定的农事工作机会,特别是在葡萄采摘季,季节性用工需求能够吸纳周边大量劳动力,增加农民收入。在生产与加工领域,专业的酿酒师、技术工人、质检人员等岗位需求,催生了相关职业培训与人才发展。此外,葡萄酒产业与旅游、文化产业的融合,催生了葡萄酒庄旅游、葡萄酒文化体验等新业态,进一步创造了导游、服务人员、文创产品设计人员等就业岗位。尤其在乡村地区,葡萄酒产业成为推动乡村振兴的重要力量,通过产业发展吸引劳动力回流,促进农村经济繁荣,改善农村基础设施,提升乡村生活品质。

二、文化传承与交流

葡萄酒文化源远流长,承载着丰富的历史、艺术与生活方式内涵。在中国,葡萄酒产业的发展推动了葡萄酒文化的传播与普及,让更多消费者了解葡萄酒的酿造工艺、品鉴知识以及与之相关的礼仪文化。同时,各葡萄酒产区结合当地风土特色与历史文化,打造独特的葡萄酒文化品牌,如宁夏贺兰山东麓产区的葡萄酒文化节、山东烟台张裕酒文化博物馆等，这些文化载体不仅传承了当地特色文化，也成为展示中国葡萄酒文化的窗口。在国际交流方面，葡萄酒作为文化交流的重要媒介，通过国际葡萄酒赛事、展销会等活动，促进了中国与世界葡萄酒文化的交融，提升了中国葡萄酒的国际文化影响力，增进了不同国家和地区之间的文化理解与合作。

三、提升生活品质与健康意识

适量饮用葡萄酒是部分消费者的生活习惯，随着葡萄酒知识的普及，消费者对葡萄酒营养功能的认知不断深入，越来越多的人将葡萄酒纳入健康的生活方式选择。葡萄酒品鉴活动、葡萄酒文化课程等的开展，也丰富了人们的精神文化生活，提升了大众的生活品味与审美水平。此外，葡萄酒产业的发展还推动了餐饮文化的升级，葡萄酒与美食的搭配日益受到关注，促进了餐饮行业的创新与发展，为消费者带来更丰富的饮食体验，进一步提升生活品质。同时，葡萄酒产业倡导的适度饮酒、健康饮酒理念，也有助于引导消费者树立科学的健康意识。

四、带动相关产业协同发展

葡萄酒产业的发展能够带动上下游及周边相关产业协同发展。上游产业中，葡萄种植需要优质的种苗培育、肥料生产、农业机械等产业的支持；中游的酿造生产环节则依赖于包装材料、酒瓶生产、橡木桶制造等产业；下游的销售与消费环节与餐饮、酒店、电商平台、物流配送等产业紧密相连。此外，葡萄酒产业与文化创意产业结合，催生了葡萄酒主题的影视创作、艺术设计、文学作品等；与教育产业结合，推动了葡萄酒专业教育与培训的发展。这种产业协同发展效应，形成了庞大的产业集群，增强了区域经济的综合竞争力，为社会经济发展注入持续动力。

第四节　葡萄酒生态分析

一、葡萄园生态系统构建

葡萄园是葡萄酒产业的基础，良好的葡萄园生态系统对葡萄品质和生态环境的可持续发展至关重要。科学的葡萄园管理注重生物多样性保护，通过在葡萄园周边种植花草树木，为鸟类、昆虫等有益生物提供栖息地，形成自然的生态平衡。例如，种植豆类植物可以增加土壤肥力，吸引蜜蜂等传粉昆虫，同时减少化学肥料和农药的使用，降低对环境的污染。此外，采用滴灌、雨水收集等节水灌溉技术，合理利用水资源，减少水资源浪费；推广有机种植和生物防治方法，避免化学物质对土壤、水源和空气的破坏，维护土壤微生物群落的健康，构建可持续的葡萄园生态系统。

二、绿色生产与节能减排

在葡萄酒酿造生产过程中，越来越多的企业积极践行绿色生产理念。通过采用先进的酿造设备和工艺，提高能源利用效率，降低生产过程中的能耗。例如，利用太阳能、风能等清洁能源为生产提供电力；优化发酵工艺，减少冷却水的使用和废水排放；采用新型包装材料，推广轻量化酒瓶、可回收包装等，降低包装废弃物对环境的影响。同时，加强对生产过程中产生的废水、废气和废渣的处理，通过污水处理系统净化废水，使其达到排放标准；对废气进行净化处理，减少有害气体排放；对废渣进行合理利用，如将葡萄皮渣加工成有机肥还田，实现资源的循环利用，降低葡萄酒产业的生态足迹。

三、生态保护与可持续发展

葡萄酒产业的发展与生态环境密切相关，产区政府和企业越来越重视生态保护与产业的可持续发展。各产区通过制定严格的环境保护政策和产业发展规划，限制过度开发，保护产区的自然生态环境和独特风土条件。同时，加强对葡萄酒产业的生态认证和监管，鼓励企业采用可持续发展的生产模式，如获得有机认证、碳中和认证等。此外，葡萄酒产业积极参与生态修复项目，如在干旱地区进行植树造林，改善葡萄园周边的生态环境；开展生态教育活动，提高从业者和消费者的生态保护意识，推动葡萄酒产业在生态保护的基础上实现可持续发展，实现经济效益、社会效益与生态效益的有机统一。

四、气候变化对葡萄酒产业的影响

气候变化对葡萄酒产业的生态环境产生了深远影响。全球气候变暖导致葡萄种植区域的温度、降水模式发生变化，影响葡萄的生长周期、成熟度和品质。例如，气温升高可能导致葡萄提前成熟，果实糖分过高而酸度不足，影响葡萄酒的风味平衡；极端天气事件如暴雨、干旱、冰雹等的增加，对葡萄园造成直接破坏，威胁葡萄产量和质量。为应对气候变化，葡萄酒产业积极采取适应性措施，如调整葡萄种植品种和区域布局，培育抗逆性强的葡萄品种；改进葡萄园管理技术，加强灌溉和遮阳设施建设，提高葡萄园抵御气候变化的能力。同时，产业界也在积极参与全球应对气候变化行动，减少自身碳排放，共同推动生态环境的改善。

第七章

中国葡萄酒产业发展趋势与对策

在全球酒类市场格局中，葡萄酒产业占据着不可或缺的地位。当下，随着经济全球化的不断深入以及消费者需求的日新月异，中国葡萄酒产业迎来了新的发展契机，也面临诸多挑战。梳理产业现状，深入挖掘现存问题及其内在根源，并依据翔实数据与专业行业研究，预测产业未来走向，提出切实可行的策略，将助力中国葡萄酒产业突破发展阻碍，迈向高质量发展之路。

第一节 葡萄酒产业发展预测

对葡萄酒产业发展进行预测，是精准把握行业走向的重要手段。通过对过往数据的深度分析，能清晰洞察产业动态，为后续探讨产业问题、谋划发展方向提供依据。从酿酒葡萄种植、葡萄酒产量、消费量、进出口量等关键方面，对葡萄酒产业发展趋势展开具体预测。

一、酿酒葡萄种植

酿酒葡萄栽培面积是葡萄酒产业的根基，影响着葡萄酒的产量与质量。经对2000—2023年数据深入分析，2000—2023年，酿酒葡萄种植面积整体呈增长态势。2000年为81万亩，到2023年达到201万亩（见图7-1，表7-1）。

21世纪初，国内葡萄酒市场兴起，栽培面积稳步增长，其间受自然灾害、市场价格波动等影响有小波动，但总体呈上升趋势。预计2024—2030年种植面积将稳定上升，不过土地资源约束和劳动力成本上升使其增速放缓，从2010—2015年的年均7.9%降至2016—2023年均6.8%。东部产区如山东、河北，因城市化发展，部分优质葡萄园被占，2018—2023年两地合计减少种植面积约1.5万亩。而政府鼓励发展特色农业产业，酿酒葡萄获政策扶持，以通化产区为例，对新发展及现有一定规模的葡萄基地给予不同程度补贴，推动了面积增长。

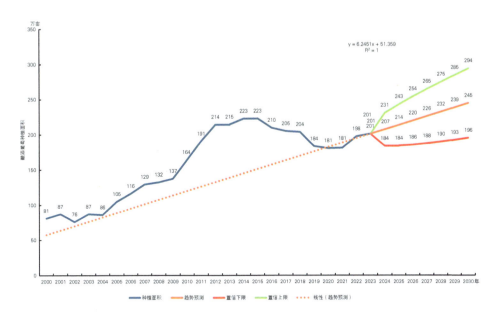

图7-1　2000—2023年酿酒葡萄种植面积变化及2024—2030年预测

表7-1　2024—2030年中国酿酒葡萄种植面积预测值（万亩）

	2024年	2025年	2026年	2027年	2028年	2029年	2030年
种植面积	207.48	213.73	219.97	226.22	232.46	238.71	244.95

二、葡萄酒产量

基于2000—2023年数据分析（见图7-2，表7-2），2023年，全国葡萄酒产量约为14.3万千升，预计到2030年有望突破38万千升。

在产区分布方面，呈现"西进北移"的显著趋势。宁夏产区产量占比从2010年的2.01%大幅提升至2023年的近40%，新疆产区从2010年的3.07%增长至2023年的24.5%，而传统的山东、河北产区占比则分别从2010年的34.48%、9.1%增长至2023年的44%、23.1%。这一变化主要源于西北地区得天独厚的自然条件，日照时间长（年均2800—3200小时）、昼夜温差大（10℃~15℃），有利于葡萄糖酸协调，且劳动力成本相较于东部地区低30%~40%。

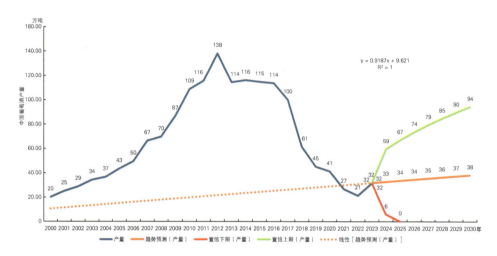

图7-2　2000—2023年葡萄酒生产量变化及2024—2030年预测

表7-2　2024—2030年中国葡萄酒生产量预测值（万吨）

	2024年	2025年	2026年	2027年	2028年	2029年	2030年
生产量	32.59	33.51	34.43	35.34	36.26	37.18	38.10

三、葡萄酒消费量

中国葡萄酒消费市场目前正处于成长期（见图7-3，表7-3）。2023年，葡萄酒表观消费量约为68万千升，未来发展空间广阔。预计到2030年，消费总量将突破72万千升，人均消费量将达到0.6升以上。

当前，消费市场呈现出三大突出特征。一是年轻化趋势显著，2024年，"90后"和"00后"消费者占比达到45%，相较于2023年增长了10个百分点。这一群体更加注重个性化、健康化消费，有力推动了桃红葡萄酒、白葡萄酒、低酒精和无酒精葡萄酒等细分品类的发展。同时，女性消费者占比提升至48%（较2023年上升5个百分点），其偏好果香浓郁、酒精度低的葡萄酒产品，进一步促进了有机葡萄酒产量的快速增长。二是线上渠道发展迅猛，2024年葡萄酒线上销售占总销量的35%，较2023年增长8%，社交电商和直播带货成为新兴热点销售模式。三是消费场景日益多元化，家庭、餐厅、酒吧/俱乐部和其他消费场景的占比分别为54%、24%、14%和8%。此外，进口葡萄酒在高端市场占据主导地位，单价超过50美元/瓶的高端酒进口量占比从2020年的12.3%跃升至2023年的18.7%；而国产葡萄酒则主要集中在中低端市场，60—150元产品占市场份额超过50%，200—300元产品占比30%以上，品牌溢价能力相对较弱。

图7-3　2000—2023年葡萄酒消费量变化及2024—2030年预测

表7-3　2024—2030年中国葡萄酒消费量预测值（万吨）

	2024年	2025年	2026年	2027年	2028年	2029年	2030年
消费量	69.05	69.66	70.27	70.88	71.49	72.10	72.70

四、进口葡萄酒

中国葡萄酒进口量目前已进入调整期（见图7-4，表7-4）。2023年，进口量约为2.43亿升，同比下降25.67%。预计2024年将出现小幅回升，达到约27.4万千升。这一变化主要受多方面因素影响：疫情后消费者的消费习惯发生改变，高端商务宴请等活动减少，致使高端葡萄酒需求下滑；国产葡萄酒近年来在品质提升方面成效显著，对进口葡萄酒形成了一定的替代效应；国际海运价格上涨，增加了进口葡萄酒的物流成本，进而影响了进口量。

在进口来源国方面，市场集中度呈下降态势。法国葡萄酒在中国市场的占比从2018年的39.7%降至2024年的18.38%，而智利、澳大利亚（在受反倾销税影响前）、意大利等国的市场份额有所提升。其中，智利凭借"零关税"政策，市场份额从2018年的17.05%增长至33.22%。在产品结构上，呈现出"两端增长"的特点，零售价500元以上的高端酒占比稳定在25%左右，100元以下的入门级产品占比提升至42.6%，这表明进口酒商日益重视中国大众消费市场。

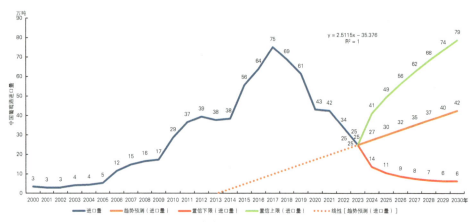

图7-4 2000—2023年葡萄酒进口量变化及2024—2030年预测

表7-4 2024—2030年中国葡萄酒进口量预测值（万吨）

	2024年	2025年	2026年	2027年	2028年	2029年	2030年
进口量	27.41	29.92	32.43	34.94	37.45	39.96	42.48

五、葡萄酒出口量

中国葡萄酒出口量呈现波动上升趋势（见图7-5，表7-5）。2023年，出口量约为328万升，出口目的地相对集中。预计到2035年，出口量有望突破2万千升，年均增速保持在5%~8%。出口产品结构正不断优化，精品酒庄产品占比逐渐增加。例如，蓬莱产区葡萄酒出口量在2024年同比增长54.8%；同时，获得国际奖项的产品数量显著增多，2024年荣获国际权威赛事金奖88枚，是2018年的3.26倍，未来增长潜力巨大，值得关注与期待。

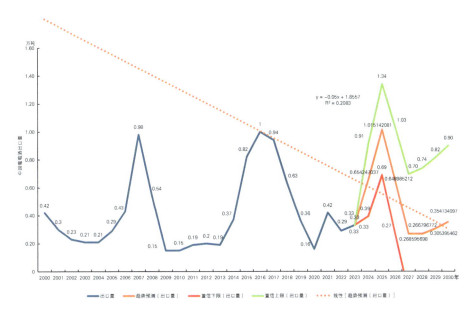

图7-5　2000—2023年葡萄酒出口量变化及2024—2030年预测

表7-5　2024—2030年中国葡萄酒出口量预测值（万吨）

	2024年	2025年	2026年	2027年	2028年	2029年	2030年
出口量	0.654	1.015	0.648	0.268	0.266	0.305	0.354

第二节　产业发展核心问题聚焦

一、品牌建设滞后，市场竞争力不足

中国葡萄酒产业突出问题之一为品牌影响力薄弱。消费者对葡萄酒认知尚未完全成熟，消费习惯尚未完全形成，经济增速放缓致使中高端酒类消费意愿下降。2024年，中国葡萄酒销量同比降约15%，库存积压普遍。在品牌价值方面，英国"品牌金融"发布的"2024全球酒类品牌价值榜"10强中，中国仅张裕上榜（第5位），品牌价值7.07亿美元，仅为榜首法国酩悦香槟（13.91亿美元）的50.83%。

企业品牌投入不足，国内主要葡萄酒企业如张裕等品牌宣传投入平均仅占营业收入的15.42%，远低于国际品牌。产区品牌协同效应差，除宁夏贺兰山东麓初步形成影响力，其他产区多单打独斗。品牌故事缺乏文化底蕴，国产酒品牌宣传多停留在"葡萄好、工艺精"层面，未有效融合中国文化元素。品牌弱势致使市场竞争力不足，终端零售市场同等品质国产酒价格普遍比进口酒低30%~40%。

二、产区建设薄弱，基础支撑乏力

产区建设的重点是原料基地。葡萄基地建设存在规模小、布局散、标准低的问题。多数基地以家庭作坊式种植为主，规模化种植园区占比不足30%，难以实现统一管理和机械化作业。基地选址缺乏科学规划，部分区域未充分考虑土壤、气候等适种条件，导致葡萄品质参差不齐。种植技术落后，标准化种植体系尚未全面建立，水肥一体化、病虫害绿色防控等先进技术应用率低。此外，基地管理模式粗放，缺乏专业的技术人员和科学的管理团队，难以保障葡萄产量和质量的稳定性，无法为葡萄酒产业发展提供坚实的原料基础。

产区品牌缺乏系统性规划与培育，除少数知名产区外，多数产区品牌定位模糊，未能挖掘和凸显独特的风土特色与文化内涵。品牌传播力度不足，宣传方式单一，过度依赖传统展会和品鉴活动，对新媒体、数字营销等新兴渠道利用不足，导致产区品牌的知名度和美誉度较低。产区内企业各自为政，缺乏品牌共建共享机制，未能形成合力打造区域品牌，使得产区整体竞争力难以提升，无法将区域资源优势转化为市场竞争优势。

三、产品同质化严重，创新投入不足

创新乏力使国产葡萄酒陷入同质化竞争。品种研发滞后，中国自主选育的酿酒葡萄品种仅有北红、北玫等少数几个，种植面积占比不足5%，国际广泛种植的赤霞珠、霞多丽等均为国外引进，赤霞珠在部分产区占到60%以上。工艺创新不足，传统工艺占大多数，低温发酵、微氧处理等新技术应用率低。产品形态单一，仍以750mL玻璃瓶装为主导，利乐包、罐装等便捷包装发展缓慢。

四、数字化转型缓慢，智能化水平低

葡萄酒产业数字化转型处于初级阶段，中国酒业协会调研显示，其数字化水平在食品饮料行业中排名靠后，仅高于传统酿造酱油、食醋等行业。种植环节物联网技术应用率不足，多数葡萄园靠经验灌溉施肥；生产环节智能制造装备普及率低，关键工序如发酵温度控制大量依赖人工；流通环节仅少数企业建立完整产品追溯系统。这三个环节是关键，迫切需要新突破。

中小企业资金有限，一套完整智慧农业系统投入在几万元到几十万元之间，多数酒庄难以承担。专业技术人才缺乏，既懂葡萄酒又掌握数字技术的复合型人才少。行业标准缺失，各企业系统互不兼容，形成"数据孤岛"。

五、国际化程度低，贸易壁垒难突破

中国葡萄酒在国际市场处于边缘地位，2023年，中国葡萄酒出口量仅占全球贸易量的1.39%左右，而意大利、西班牙和法国出口量为54.9亿升，占全球葡萄酒出口的56%。出口面临多重障碍，获得欧盟有机认证、美国AVA产地认证等国际资质总成本在20万—30万元，且每年需投入维护费用。西方消费者对中国葡萄酒认知度低，存在"中国不适合种植酿酒葡萄"的偏见。国际政治经济环境不确定性也带来挑战，如2020年以来，澳大利亚葡萄酒反倾销案，此前澳大利亚是中国第一大进口来源国（2019年占比37%），致使中澳葡萄酒贸易几乎停滞，国内企业需重新调整市场策略。

第三节　问题根源深度剖析

一、品牌战略缺失，营销模式陈旧

国产葡萄酒品牌建设滞后，根源在于战略层面的短视以及营销模式的陈旧。在品牌定位方面，多数企业未能精准区分商务、宴请、日常饮用等不同消费场景的差异化定位，致使品牌形象模糊，难以在消费者心中形成独特记忆点。传播渠道上，传统商超在葡萄酒线下零售中占据37%的份额，电商渠道占零售渠道的23.9%，企业对社交媒体、内容营销等新兴传播方式运用不足，错失拓展品牌影响力的机遇。同时，视觉识别系统整体陈旧，其中包装设计更新周期较长，无法满足消费者不断变化的审美需求。

更深层次来看，行业人才结构失衡制约了品牌发展。葡萄酒行业品牌营销人员中，具备国际视野和跨文化传播能力者稀缺，且行业薪酬水平较互联网、奢侈品等行业低30%～40%，这使得行业在吸引高端营销人才时竞争力不足，进一步限制了品牌战略的创新与实施。

二、监管机制不健全，行业自律欠缺

葡萄酒质量问题背后，是监管体系与行业自律的双重缺失。从监管角度而言，中国葡萄酒质量安全监管呈现"三多三少"现象：终端抽检频繁，但过程监管相对缺乏；行政处罚常见，技术指导却较为稀少；国家标准众多，行业标准则相对不足。这种监管模式难以实现从葡萄种植"田间"到葡萄酒销售"餐桌"的全链条管控，导致质量隐患难以在源头被发现与解决。

行业自律机制同样亟待完善。产区自律组织覆盖面窄，除宁夏、烟台等少数产区外，多数地区尚未建立起有效的行业自律组织，难以形成行业内部的自我约束与规范。诚信体系建设滞后，全国葡萄酒行业信用档案覆盖率较低，无法对企业行为形成有效监督。惩罚机制威慑力不足，违规企业罚款金额通常在1万—5万元，与其违法所得相比微不足道，难以对企业形成足够的惩戒与警示作用。此外，中国约一半的酿酒葡萄由分散农户种植，小农户生产模式与现代化生产要求存在矛盾，标准化生产推行难度大，致使原料质量参差不齐，为葡萄酒质量稳定带来挑战。

三、创新体系不完善，人才储备不足

创新乏力深刻反映出产业创新生态系统存在缺陷。中国葡萄酒产业创新面临"三缺"困境。投入上，规模以上企业研发强度中位数低于农产品加工行业平均水平，资金支持不足限制了创新项目开展。成果转化上，高校和科研院所的成果转化率不足15%，大量专利仅停留在实验室阶段，未能有效转化为实际生产力。协同合作上，产业链上下游联合攻关项目占比极小，各环节缺乏紧密协作，难以形成创新合力。

人才短板在产业发展中尤为突出。育种人才极度匮乏，跨学科人才更是稀缺，同时掌握现代酿酒技术以及市场营销、品牌建设等知识的复合型人才凤毛麟角。教育体系也未能有效契合产业发展需求，无法为产业创新提供充足的人才支撑。

四、数字化认知偏差，实施路径不清

葡萄酒产业数字化转型缓慢，根源在于认知与能力的双重制约。调研显示，大多数中小葡萄酒企业对数字化的理解仅停留在"购买硬件设备"这一浅层层面，严重缺乏对数据驱动决策价值的深入认知。这种认知偏差致使企业投资方向出现严重错位，例如部分企业耗费大量资金购置自动化灌装线，却忽视了对种植环节数据采集系统这一关乎葡萄酒品质源头的关键投入。

在实施过程中，主要存在以下障碍。缺乏顶层设计，超过一半以上的企业没有制定系统的数字化战略规划，投入多为零散无序状态。产业基础薄弱，葡萄园地理信息系统（GIS）、物联网等基础设施覆盖率处于较低水平。数据应用能力差，即便部分企业采集了数据，也因缺乏专业分析能力而无法有效利用。此外，成本问题不容忽视，全套数字化转型并非一两年能够完成，而是一个持续的项目，企业需持续性投入。

五、国际经验不足，应对策略单一

中国葡萄酒企业国际化程度低，深层原因在于国际经验与资源的双重匮乏。企业"走出去"面临三大知识缺口。市场知识上，对目标市场的消费习惯、法律法规等了解有限，难以精准制定营销策略。网络知识上，缺乏可靠的国际分销渠道和合作伙伴，制约产品海外推广。运营知识上，跨国管理经验不足，增加企业海外运营风险。

具体表现为市场选择趋同，渠道依赖中间商，拥有自有海外销售团队的企业占比不足5%，难以直接掌控海外市场。本土化程度低，产品包装、宣传资料等或是直接使用中文，或是仅做简单翻译，未能充分结合当地文化进行调整，难以获得当地消费者认同。此外，与法国、意大利等国政府为葡萄酒出口提供的全方位支持相比，中国的出口信用保险、国际市场开拓资金等政策对葡萄酒企业的覆盖率较低，政策支持体系有待进一步完善，以助力企业更好地开拓国际市场。

第四节　未来发展趋势与建议

一、葡萄种植：葡萄基地西部转移与智慧种植普及

近年来，酿酒葡萄种植加速向西部转移。宁夏、新疆、甘肃等西部地区凭借干旱少雨、光照充足、昼夜温差大及沙质土壤等优势，成为优质酿酒葡萄种植的理想区域。农业农村部、工业和信息化部牵头设立的宁夏国家葡萄及葡萄酒产业开放发展综合试验区，进一步推动西部产业发展。西部产区依托资源打造产业集群，通过葡萄酒小镇、产业园区等形式，融合种植、酿造与文旅产业。如龙谕、宁夏志辉源石酒庄将葡萄园与旅游结合，开发品鉴观光项目，提升产业附加值，吸引东部企业与种植户转移。但转移过程仍存挑战。西部面临基础设施薄弱、物流成本高、专业人才与产业工人短缺等困难。未来需完善基建、加强人才培养、加强品牌建设，推动产业高质量发展。

当前，中国酿酒葡萄品种结构单一，高度依赖国外引进，种植技术相对落后，这严重制约了葡萄酒产业的特色化与可持续发展。未来，葡萄种植领域将把重点放在本土品种选育与智慧种植技术的广泛应用上。

随着科研力量的不断汇聚以及研究的持续深入，本土品种的种植面积占

比将稳步提升。在未来数年内,自主选育品种的种植面积占比有望从当前的较低水平提升至15%~20%,逐步构建起具有鲜明中国特色的葡萄品种体系,减少对国外品种的过度依赖,增强产业发展的自主性与安全性。

技术革新是推动葡萄种植发展的另一关键动力。以宁夏贺兰山东麓产区为例,该产区积极探索智慧农业发展路径,已成功开发出葡萄物联网感知、病虫害监测预警、水肥一体化智能控制等14个数字化服务系统。在葡萄园实地布设了大量地面气象监测点,能够实时精准采集温度、湿度、光照强度等气象数据,为葡萄种植提供科学的环境依据。生态环境监测站密切关注土壤酸碱度、肥力状况等土壤指标,确保葡萄生长环境的适宜性。病虫害防控一体机利用先进的图像识别技术与传感器,能够及时发现病虫害迹象,并自动采取相应的防治措施。借助这些先进的物联网技术,精准灌溉得以实现,相较于传统灌溉方式,预计可节水30%~40%,极大地提高了水资源利用效率。病虫害智能预警系统能够预判病虫害发生趋势,减少农药使用量25%,既降低了生产成本,又保障了葡萄果实的品质与生态环境安全。未来,其他产区将纷纷借鉴宁夏贺兰山东麓产区的成功经验,加速智慧种植技术的推广应用。政府应进一步加大对智慧农业基础设施建设的资金投入,设立专项扶持基金,鼓励企业与科研机构建立长期稳定的合作关系,共同开展种植技术的研发与推广工作,全面提升中国葡萄种植的科技含量与质量稳定性。

二、生产环节:质量管控强化与创新驱动发展

现阶段,葡萄酒质量参差不齐、创新能力不足成为产业发展的瓶颈。为突破这些困境,生产环节将在质量管控与创新方面全面发力。

在质量管控领域,中国葡萄酒产业在国际舞台上影响力的日益提升,特别是2024年正式加入国际葡萄与葡萄酒组织,为中国葡萄酒标准的国际化进程注入了强大动力。预计2025年,新版葡萄酒国家标准将正式发布,在二氧化硫限量、农药残留等关键指标上,将与国际先进标准接轨。这将促使国内葡萄酒生产企业提升生产工艺与质量把控水平,生产出更符合国际市场需求的产

品。同时，区块链技术将深度融入葡萄酒全产业链追溯体系。规模以上企业将逐步实现追溯系统全覆盖，消费者只需通过手机扫码，即可获取从葡萄种植、采摘、酿造到装瓶的全流程详细信息，包括葡萄品种、种植地块、施肥用药情况、酿造工艺参数、罐装时间等。这种信息透明化的举措，不仅能有效解决质量监管难题，增强消费者对国产葡萄酒的信任度，还能倒逼企业加强内部质量管理，提升产品质量稳定性。此外，认证体系也将朝着多元化方向发展。除了现有的有机认证、绿色食品认证，碳排放认证、水资源利用认证等新型评价体系将逐步建立并完善。通过这些多元化认证，能够全面评估葡萄酒生产过程中的环境影响与资源利用效率，提升国产葡萄酒在国际市场的认可度与竞争力，预计未来获得国际权威认证的中国葡萄酒产品占比将从目前的不足5%大幅提升至30%以上。

创新是打破产品同质化困局的核心驱动力。在工艺创新层面，冷浸渍工艺已在宁夏"北红""北玫"葡萄酒的酿造实践中得到应用，并取得显著成效。该工艺通过在低温环境下延长葡萄皮与葡萄汁的接触时间，有效提升了葡萄酒的色度，使其色泽更加鲜艳诱人。同时，能够更好地萃取葡萄皮中的香气物质，丰富葡萄酒的香气层次，增强葡萄酒的结构感。低温发酵、闪蒸工艺等新技术也在不断发展与优化。微生物发酵调控技术的突破，有望精准控制葡萄酒发酵过程中的微生物群落，开发出具有独特"中国风味指纹"的特色产品，使国产葡萄酒在国际市场上凭借风味特色脱颖而出。在品类创新层面，低醇/无醇葡萄酒、功能性葡萄酒（添加枸杞、人参等中药材）等新兴品类的市场份额将逐步扩大。随着消费者健康意识的提升，人们对低酒精度、具有养生功效葡萄酒的需求日益增长。便携式包装（罐装、袋装）的占比也将持续提高，以满足消费者在不同场景下对葡萄酒便捷性的需求。为实现这些创新目标，企业应将研发投入占比提升至3%以上，积极与高校、科研院所开展产学研合作，建立联合研发中心，共同攻克技术难题。政府可设立葡萄酒产业创新基金，通过财政补贴、税收优惠等政策手段，重点支持品种改良、工艺升级等创新领域，激发产业创新活力。

三、流通领域：数字化转型加速产业升级

当前，葡萄酒流通环节数字化程度较低，传统的销售与供应链管理模式导致物流效率低下、成本居高不下。未来，数字化将成为重塑葡萄酒流通环节的关键力量。

在销售渠道方面，直播电商、社交电商等新兴线上渠道的占比将逐渐提高。通过直播带货，消费者能够直观地了解葡萄酒的酿造过程、口感特点，与主播实时互动，解答疑问，增强购买意愿。社交电商利用社交媒体的传播优势，通过用户分享、口碑营销，能够快速扩大品牌影响力，精准触达目标消费群体。DTC（直接面向消费者）模式的兴起，使企业能够直接与消费者建立联系，减少中间环节，降低渠道成本20%~30%。张裕等企业积极探索数字化转型，打造区块链溯源平台，实现产品信息透明化。消费者通过扫码即可获取产品的真伪验证、产地溯源、生产批次等详细信息，提升消费者对产品的信任度。在供应链管理方面，数字化技术将实现全流程高效协同。新一代信息技术，如大数据、人工智能、物联网等，将与酿酒工艺深度融合。未来，预计将建成多家智能工厂，在葡萄采摘环节，利用智能机器人根据葡萄成熟度精准采摘，确保葡萄果实的完整性与品质一致性。在酿造过程中，通过传感器实时监测发酵温度、压力等参数，利用人工智能算法自动调整工艺参数，确保发酵过程的精准控制。生产效率将大幅提升，相较于传统生产模式，预计可提升40%以上，产品一致性也将达到国际先进水平。企业应分阶段稳步推进数字化转型。首先，完成基础数字化建设，包括数据采集设备的安装、ERP系统的搭建等，实现企业内部数据的整合与管理。其次，实现关键环节智能化，如智能灌溉系统根据土壤墒情与葡萄生长需求自动浇水施肥，发酵过程中的智能控制确保酒品质量稳定。最后，建成全产业链数字化生态，实现从葡萄种植、生产加工到销售服务的全流程数字化协同。政府需加大对数字基础设施建设的投入，提升网络覆盖率与稳定性，为企业数字化转型提供政策支持与技术指导，营造良好的数字化发展环境。

四、消费层面：品牌建设升级与消费场景拓展

当前，国产葡萄酒产品同质化严重，难以满足多元消费需求。未来，产品创新将围绕葡萄酒产品"多样化"与"中国化"双向发力。一方面，丰富产品类型，突破干红、干白主导的单一格局，加大起泡酒、冰酒、加强型葡萄酒等特色品类的开发力度；针对细分人群推出低度、无醇、功能性葡萄酒，以及小瓶装、易拉罐装等便携包装产品，以适配日常饮用、轻社交等场景。另一方面，深挖中国文化元素，将二十四节气、非遗技艺、地域民俗等融入产品设计与酿造理念，打造具有东方风味的葡萄酒。例如，结合传统中医养生理念开发草本调配葡萄酒，或借鉴地方饮食文化推出餐酒搭配定制款，以文化内涵提升产品差异化竞争力。

品牌竞争将进入精细化运营阶段。产区层面，参照国际地理标志保护经验，完善中国葡萄酒产区标准体系，强化宁夏贺兰山东麓、新疆焉耆盆地等核心产区的品牌价值；企业层面，通过文化赋能塑造差异化形象，如将唐诗宋词、水墨丹青等元素融入品牌故事与包装设计。同时，加速数字化营销转型，利用元宇宙、AR/VR 技术打造虚拟酒庄体验，通过短视频、直播等新媒体平台开展沉浸式推广；建立消费者大数据分析系统，精准定位需求，实现产品定制化与精准营销，推动数字营销销售额占比持续提升。

除商务、礼品等传统场景外，日常饮用、社交聚会、家庭餐饮等新兴场景的消费潜力亟待释放。企业需针对不同场景开发适配产品：推出187mL小瓶装满足单人饮用需求，设计大瓶装、礼盒装适配聚会与节庆市场；结合"微醺经济"推出低度甜型葡萄酒，吸引年轻女性消费者。同时，通过线上与线下融合的体验式营销深化消费场景渗透，如举办线上云品鉴、线下主题沙龙，邀请专业品酒师普及知识；建立会员专属服务体系，提供个性化选酒推荐、酒庄参观等增值服务，提升消费者忠诚度，推动国产葡萄酒从"小众选择"向"大众日常消费"转型。

五、国际贸易：市场多元化与本土化运营推进

中国葡萄酒在国际市场上目前处于边缘地位，面临诸多挑战。未来，将积极推进市场多元化与本土化运营战略。

在市场多元化方面，在巩固现有亚洲市场份额的基础上，将大力开拓共建"一带一路"国家和欧美等主流市场。共建"一带一路"为中国葡萄酒产业带来了广阔的市场机遇，沿线国家经济发展迅速，消费市场潜力巨大。通过参加国际葡萄酒展会、举办文化交流活动等方式，加强与沿线国家的贸易往来与文化交流，提升中国葡萄酒在这些地区的知名度与市场份额。欧美市场作为全球葡萄酒消费的重要区域，对高品质葡萄酒有着持续的需求。张裕集团已在法国波尔多收购酒庄的基础上计划在欧洲进一步收购酒庄，通过收购当地酒庄、设立子公司等方式深度融入目标市场，利用当地的销售渠道、品牌影响力，将中国葡萄酒推向欧美市场。

本土化运营是提升中国葡萄酒国际竞争力的关键。通过在目标市场设立子公司、收购当地酒庄等方式，深入了解当地消费者的口味偏好、消费习惯，根据市场需求调整产品配方与营销策略。例如，在产品包装设计上，融入当地文化元素，使其更符合当地消费者的审美需求。在营销推广上，利用当地的媒体资源、社交平台，开展有针对性的宣传活动。认证国际化也是必不可少的环节。积极获取目标市场认证，如欧盟有机认证等，满足不同市场的准入要求，提升产品在国际市场的认可度。

为支持葡萄酒产业国际化发展，需构建"政企协"三位一体服务体系。政府应提供信保、融资支持，为企业海外投资、贸易提供风险保障与资金支持。协会组织海外推广活动，如举办中国葡萄酒文化周、品鉴会等，提升中国葡萄酒的国际形象。企业组建专业国际营销团队，团队成员具备丰富的葡萄酒专业知识、市场营销经验以及跨文化沟通能力。例如河北省组织葡萄酒产业相关技能培训，提升行业人员专业水平。未来应加强既懂葡萄酒又熟悉国际规则的复合型人才培养与引进，通过高校专业设置优化、企业内部培训、海外人才引进

等多种方式，为葡萄酒产业国际化发展提供人才支撑，助力中国葡萄酒在国际市场上提升份额与影响力。

中国葡萄酒产业正处于转型升级的关键时期，通过葡萄种植优化、生产环节提质创新、流通数字化、品牌建设与消费拓展、国际市场开拓"五轮联动"，有望逐步解决当前产业发展中存在的问题，实现从"跟跑"到"并跑"再到部分领域"领跑"的跨越式发展，构建具有国际竞争力的现代葡萄酒产业体系。这一进程需要政府、企业、科研机构和消费者多方协同合作，共同推动中国葡萄酒产业高质量发展。

附录1

2024年中国葡萄酒产业发展大事记

一、产业政策与市场格局

中国取消对澳大利亚葡萄酒反倾销和反补贴税

2024年3月29日，中国正式取消对澳大利亚葡萄酒的"双反"关税，澳酒进口额在2024年达5.5亿美元（同比+16993.7%），推动全国进口葡萄酒金额同比增长37.2%至15.9亿美元，终结连续4年的进口下滑趋势。政策调整加剧市场竞争，倒逼国产酒企加速品质升级与品牌建设。

中法关于葡萄种植和葡萄酒酿造产业合作的行政协议

2024年5月7日，中国与法国签署《关于葡萄种植和葡萄酒酿造产业合作的行政协议》，并续签《关于地理标志合作议定书》以加强合作。中法两国在葡萄种植和葡萄酒酿造领域联系的加深还体现在法国对中国在2024年加入国际葡萄与葡萄酒组织的支持方面，法方赞赏中方在提升葡萄与葡萄酒产业发展方面所做出的努力及中方在2024年，即OIV成立一百周年，推动加入OIV的努力，法方愿持续关注中国葡萄与葡萄酒产业发展，共同提升葡萄与葡萄酒产业发展水平。同样，双方乐见马孔、哲维瑞–香贝丹地理标志产区名称于2024年5月获得中国法律法规认定。双方将开展联合工作，争取在2025年为其他勃艮第葡萄酒完成在华地理标志注册。

中国正式被接收为国际葡萄与葡萄酒组织第51个成员国

2024年5月14日，中国农业农村部代表中国政府通过中国驻法国使馆正式向OIV提交加入申请书，随后进入实质性收集各成员国意见阶段。11月14日，中国正式被接收为其第51个成员国。按照OIV要求，中国政府须在一年内批准这项申请，在此期间，中国将全面参与OIV的各项工作，为全球葡萄与葡萄酒行业发展贡献中国智慧、中国力量。

新疆产区成立葡萄酒协会并组建合资公司

2024年10月，新疆葡萄酒协会联合28家骨干酒庄成立合资公司，整合产区资源统一运营，推广"天山北麓""焉耆盆地"等地理标志产品，并在2025年糖酒会以"新疆葡萄酒"整体形象参展，签约额超过1.5亿元。此举开创产区集约化发展模式，助力西北葡萄酒产业规模化破局。

奔富母公司收购宁夏望月石酒庄

2024年7月，富邑集团（Penfolds母公司）宣布收购宁夏贺兰山东麓核心产区的望月石酒庄60%股权，成为首个深度布局中国产区的国际酒企。此举标志着宁夏葡萄酒的国际认可度提升，也预示进口酒企从"产品输入"向"产区共建"的战略转变。

全国首例跨境电商进口假酒案侦破

2024年11月，上海警方破获一起涉案金额超过8000万元的进口葡萄酒造假案，查获假冒"奔富""拉菲"等品牌葡萄酒5万余瓶，涉及多个跨境电商平台。案件推动行业加强溯源体系建设，海关总署同步升级进口酒防伪溯源系统。

二、赛事与产区推广

共建"一带一路"国家果酒酿造技术培训班

11月25日，由中国商务部主办、杨凌示范区承办的共建"一带一路"国家果酒酿造技术培训班结业典礼在上合组织现代农业交流中心举行。此次培训班举办期间，邀请了西北农林科技大学、中国农业大学、陕西师范大学等高校知名专家教授，重点介绍了近年来中国在果酒产业发展、酿酒技术革新、果酒原材料种植加工等方面的探索实践。来自伊拉克、缅甸、尼泊尔、尼日利亚、坦桑尼亚、南非等六国的23名学员圆满完成了授课、考察等相关活动，顺利结业。

第 14 届亚洲葡萄酒质量大赛举办

2024年4月，大赛在陕西杨凌举办，按照评分规则，评选出8个大金奖产品，需同时达到专家评审团质量评分、大众评审团消费喜好度评分、销售商市场适应性评分90分以上。贺兰山霄峰霞多丽干白葡萄酒2021、红日庄园萄醉桂花甜型葡萄酒2019、楼兰古藤30干红葡萄酒、乡都安东尼赤霞珠干红葡萄酒2019、长城天赋酒庄3556马瑟兰/赤霞珠干红2021、长城五星马瑟兰/西拉干红葡萄酒2021、志伟酒庄马瑟兰干红葡萄酒2019、紫域庄园（窖藏级）赤霞珠干红葡萄酒2020获得大金奖。大赛首创"三维评审体系"，推动产品与市场需求精准匹配，提升获奖产品所在产区（如贺兰山东麓、新疆各产区等）的市场关注度，部分获奖酒企订单量增长超过30%。

第四届中国（宁夏）国际葡萄酒文化旅游博览会举办

2024年8月9—11日，第四届中国（宁夏）国际葡萄酒文化旅游博览会在宁夏银川举行。主题是"中国葡萄酒·当惊世界殊——好酒源自好风土"。本届博览会为期3天，采取"线上+线下"模式，共举办开幕式、贺兰山东麓国际葡萄酒交易会、贺兰山葡萄酒嘉年华、国际葡萄酒大赛、全国葡萄酒酿酒师技能大赛、国际葡萄酒摄影大赛等多项活动，超过300家国内外葡萄酒、葡萄酒衍生品、酿酒辅料、包装、艺术文创、元宇宙数字酒馆、房车露营装备、机械设备等展商同台展示。

2024年9月30日，第四届中国（宁夏）国际葡萄酒文化旅游博览会——房车露营装备大会在贺兰山下启幕。

2024 年成都糖酒会宁夏签约额破 2.32 亿元

2024年4月，宁夏60家酒庄组成"贺兰山东麓精品馆"，通过AR品鉴、庄主直播等形式触达5万名专业观众，累计签约2.32亿元，创产区糖酒会历史新高。区域品牌效应凸显，带动全国经销商对国产葡萄酒信心指数提升40%。

三、企业战略与渠道创新

天鹅庄庄主李卫打造个人IP破圈

2024年第三季度起，天鹅庄创始人李卫通过抖音、小红书等平台发布"庄主选酒""葡萄园日记"等短视频，单账号粉丝超过50万人，带动天鹅庄百元以下产品线上销量增长70%，开创"庄主IP+场景化营销"新模式，成为传统酒企年轻化转型标杆。

1919酒类直供推出"吃喝共同体"体验店

2025年1月，1919在全国30城落地新型体验店，融合"葡萄酒品鉴+西餐轻食+酒具零售+社群活动"，单店日均客流量提升35%，客单价超过600元。该模式打破传统专卖店单一销售业态，为线下渠道提供"体验式消费"升级样本。

张裕推出"小酌时光"系列抢占即时零售

2024年9月，针对年轻群体推出375mL小瓶装白葡萄酒，入驻京东到家、美团闪购等平台，依托"30分钟达"服务，首月销量突破20万瓶，带动张裕即时零售渠道销售额增长65%，引领行业小包装产品创新。

四、市场与消费变革

白葡萄酒与大众价格带率先复苏

2024年全年，京东平台白葡萄酒销售额同比增长19.5%，王朝酒业白葡萄酒收入增幅达31.1%；50—100元价格带占比提升至24.5%，西鸽"云雀"、长城"小团圆"等百元内产品成为引流主力。市场从"高端化"转向"大众化+多元化"，推动行业调整产品结构。

葡萄酒电商渠道持续高增长

2024年全年，京东超市葡萄酒用户超过450万人，宁夏产区线上销售额增长40%，千元以上国产精品酒增速超过200%；天猫国际"保税仓直播"将进口酒到货时效压缩至3天，带动澳洲酒复购率提升25%。线上渠道成为品牌破圈与销量增长核心引擎。

新兴消费群体驱动产品创新

2024—2025年，"90后""00后"消费者占比提升至45%，推动低度桃红酒（+50.6%）、气泡酒（+35%）销量激增。企业针对性推出"露营小支装""奶茶味配制酒"等新品，如醉鹅娘联名款月销量破10万件，展现年轻化、场景化产品趋势。

五、行业宣传与规范类

《星星的故乡》在中央电视台综合频道播出

2024年5月14日，《星星的故乡》在中央电视台综合频道播出。该剧是由中央电视台、中共宁夏回族自治区委员会宣传部、中国广电宁夏网络有限公司、宁夏聚龙盛丰影视传媒有限公司、霍尔果斯聚龙盛丰影视传媒有限公司出品，张朋亮、宋婧担任编剧，王飞担任总导演，徐超执导，潘之琳、徐洋、吴其江领衔主演，王劲松、瑛子、熊睿玲、果靖霖、易勇名、刘泊霄联合主演，霍青、孙率航、马跃、韩英群、张笑君、李梦男特邀出演，宋禹、易朵儿、王子怡特别出演的当代都市剧。该剧讲述贺兰山下两代中国葡萄酒人创业创新、改变家乡面貌、共赴幸福生活的感人故事。

中国对欧盟白兰地实施反倾销措施

2024年10月8日，中国商务部发布《关于对原产于欧盟的进口相关白兰地实施临时反倾销措施的公告》，自10月11日起，进口经营者在进口原产于欧盟的相关白兰地时，需向中国海关提供相应的保证金。

海关总署升级进口酒溯源系统

2024年6月，针对假酒案件频发的状况，海关总署要求所有进口葡萄酒必须录入"中国进口酒溯源平台"，实现从酒庄到消费者的全链路信息可查。首批覆盖1.2万家进口商，推动行业透明度提升，保护正规品牌权益。

2024年10月6日，香港特区行政长官李家超在2024年施政报告中宣布，为促进烈酒贸易，带动物流和储库、旅游和高端餐饮消费等高增值产业发展，香港将对烈酒（酒精浓度高于30%的酒类）实施降税政策。具体来说，进口价200

港元以上的烈酒，200港元以上部分的税率由100%减至10%；200港元及以下部分，及进口价在200港元或以下的烈酒，税率则维持不变。新税率生效后，已有酒商开始下调烈酒零售价、研究开拓更多烈酒相关业务。

中国葡萄酒产业发展论坛

2024年10月11日下午，中国葡萄酒产业发展论坛在京举行。本次论坛由中国乡村发展志愿服务促进会（以下简称促进会）、西北农林科技大学、中国酒业协会葡萄酒分会、中国酒类流通协会葡萄酒专业委员会、中国食品科学技术学会葡萄酒分会主办。促进会专家委员会主任张梦欣、宁夏回族自治区政府原副主席、贺兰山东麓葡萄与葡萄酒联合会创会主席郝林海出席会议并致辞，西北农林科技大学党委常委、副校长房玉林主持论坛并作总结。论坛得到河北省葡萄与葡萄酒产业商会和河北省农业农村厅的大力支持。

在主旨发言环节，李华、赵世华、王祖明、段治国、张军翔、程彬皓等进行了发言。

论坛还设置了对话交流环节，与会领导、专家、企业家围绕"如何促进中国葡萄酒产业加快发展"深入交流。于庆泉、赵敏、赵新毅、张建生主持对话，对话交流希望未来中国的消费者能够倡导文化自信，让中国葡萄酒流通起来。

第三届中国葡萄酒技术质量发展大会在山西省乡宁县召开

2024年6月20日，第三届中国葡萄酒技术质量发展大会暨2024乡宁县黄土高原葡萄酒小产区推介会在山西省乡宁县圆满落幕。

本次盛会由中国酒业协会携手中共乡宁县委、乡宁县人民政府联合主办，山西戎子酒庄有限公司倾力协办。葡萄酒行业的相关专家学者、企业代表以及媒体代表200余人共聚一堂，共同探讨中国葡萄酒行业的未来发展之路。出席大会的领导及嘉宾有：商务部贸易救济调查局二级巡视员徐衍光，工业和信息化部消费品工业司食品处二级调研员孙璐，中国酒业协会党支部书记、执行理事长王琦，国家葡萄产业技术体系首席科学家段长青，西北农林科技大学原副校长李华，中国葡萄酒技术委员会名誉主任王树生，参加会议的还有临汾市和乡宁县有关部门的领导以及相关媒体。

中酒协发布《葡萄酒电商经营规范》

2024年10月，中国酒业协会首次制定电商渠道规范，明确直播带货、跨境购等场景的质量管控与宣传标准，禁止"年份造假""虚假产区宣传"等行为。300余家平台与酒企签署自律公约，促进线上市场规范化发展。

六、资本与技术驱动

红杉资本领投宁夏葡萄酒产业基金

2025年2月，红杉资本联合宁夏政府设立5亿元产区发展基金，重点投向葡萄种植技术升级、酒庄文旅开发等领域，标志着资本从"短期逐利"转向"长期价值投资"，助力宁夏打造世界级葡萄酒产区。

张裕建成国内首条智能化酿造生产线

2024年8月，张裕烟台工厂投产AI控温发酵系统、区块链溯源设备，实现从采摘到装瓶的全流程数字化管理，高端酒品质稳定性提升20%，生产成本降低15%。该技术已向20余家中小酒庄开放共享，推动行业智能化转型。

七、国际合作与技术交流

中澳葡萄酒技术合作中心成立

2024年5月，中国农业大学与大洋洲葡萄与葡萄酒管理局（AGWA）共建实验室，聚焦抗寒砧木培育、有机种植技术等课题，首批落地宁夏、山东产区，预计3年内提升国产葡萄原料质量15%。中外技术联姻加速本土产业升级。

茅台葡萄酒推出"生肖纪念酒"引爆礼品市场

2024年12月，茅台葡萄酒联合故宫文创推出"龙年生肖礼盒"，融合酱酒文化与葡萄酒工艺，限量发售5万套，标价1299元/套，首月售罄并带动品牌高端产品销量增长30%。此举开创"名酒品牌+文化IP"跨界营销新范式。

附录2

葡萄酒营养功能

葡萄酒作为一种富含多种有机和无机营养物质的饮品，在适量饮用的前提下，对人体健康有着诸多益处，微生物学家巴斯德曾赞誉其为"最健康、最卫生的饮料"。其复杂的化学成分不仅决定了葡萄酒的感官特性，也赋予了它独特的营养功能。

从化学成分来看，葡萄酒包含非挥发性物质和挥发性物质。非挥发性物质主要有固定酸、糖、盐、酚类等，这些物质共同构成了葡萄酒的口感骨架。不同的味感之间相互作用，或补充促进，或抑制抵消，形成了葡萄酒的厚度、形状及和谐度各异的结构与立体感。挥发性物质则包括醇、挥发酸、醛、碳氢化合物、硫化物等，它们各自带有不同浓郁度和传播适宜的气味。这些气味物质相互影响，或促进融合，或掩盖分离，甚至产生新的气味。不过，由于挥发性物质种类繁多且部分含量极低，除少数几种外，其与葡萄酒芳香特性的确切关系仍有待深入研究。

葡萄酒的营养成分丰富多样，其中水、乙醇、有机酸、酚类物质、芳香物质以及氨基酸、维生素和矿质元素等，共同塑造了葡萄酒的独特风味与营养价值。在这些成分中，酚类物质不仅对葡萄酒的色泽和口感有着重要影响，还具备强大的生理活性功能。红葡萄酒中的酚类物质可依据结构分为类黄酮和非类黄酮两大类。

类黄酮物质在红葡萄酒中占据重要地位。其中，花色苷类来源于红葡萄品种的果皮，含量范围在90.0—400.0毫克/升，主要包括花青素、甲基花青素、花葵素、花翠素、甲基花翠素和二甲花翠素等成分。这些物质不仅是红葡萄酒呈现红色的关键因素,还具有出色的抗氧化能力,能够有效清除体内自由基,有助于预防心血管疾病、延缓衰老以及降低某些癌症的发病风险。研究表明,花青素可以抑制低密度脂蛋白的氧化,减少脂质斑块在血管壁的沉积,从而降低动脉粥样硬化的发生概率。

黄烷醇类存在于葡萄的果梗、果籽和果皮中,黄烷-3-醇的含量范围为50.0—120.0毫克/升,原花色素的含量范围为240.0—960.0毫克/升。黄烷-3-醇包含儿茶素、表儿茶素、表儿茶素没食酸酯、没食子儿茶素、表没食子儿茶素等;原花色素则有原花青素、原花葵素、原翠雀素等。该类物质具有调节血脂、抑制血小板凝集、改善血管内皮功能等作用,对心血管系统健康有着积极的维护功效。儿茶素能够降低血液中的胆固醇和甘油三酯水平,原花青素可以抑制血小板的聚集,减少血栓形成的风险。

黄酮醇类主要存在于葡萄果皮,含量在12.7—130.0037毫克/升,常见成分有槲皮素、山柰酚、杨梅素等。黄酮醇类物质具有显著的抗氧化、抗炎和抗过敏特性,能够减轻体内炎症反应,增强机体免疫力,在预防慢性疾病方面发挥着重要作用。槲皮素可以通过抑制炎症介质的释放,减轻关节炎等炎症性疾病的症状。

非类黄酮物质同样是葡萄酒营养的重要组成部分。酚酸中的羟基肉桂酸(咖啡酸、阿魏酸和香豆酸)和羟基苯甲酸(没食子酸、丁香酸、香草酸)主要来源于葡萄果肉,羟基肉桂酸含量范围为60.0—334.0毫克/升,羟基苯甲酸含量范围为0—218.0毫克/升。这些酚酸具有抗氧化、抗菌和调节生理代谢等功能,有助于维持身体正常的生理机能,同时在一定程度上还能提升葡萄酒的品质稳定性。阿魏酸具有抗氧化应激的作用,能够保护细胞免受氧化损伤,咖啡酸则对 些细菌和真菌具有抑制生长的作用。

芪类化合物主要为白藜芦醇,包括顺式白藜芦醇、反式白藜芦醇及其糖苷形式,来源于葡萄果皮,含量在0.1—7.0毫克/升。白藜芦醇是一种备受关注的天然抗氧化剂,具有广泛的健康效益。它能够降低血液中低密度脂蛋白胆固醇的水平,减少动脉粥样硬化的发生风险;具有潜在的抗癌活性,可抑制癌细胞的生长、增殖和转移；还具有抗炎、抗菌以及保护神经系统等作用，对人体健康有着多方面的积极影响。研究发现，白藜芦醇可以诱导癌细胞凋亡，抑制肿瘤血管生成，从而发挥抗癌作用。

除了酚类物质，葡萄酒中还含有多种其他营养成分。葡萄酒中的糖类主要为葡萄糖和果糖，这些糖类是人体能量的重要来源，且能被人体快速吸收利用，为机体活动提供能量支持。葡萄酒中含有酒石酸、苹果酸、柠檬酸等有机酸，它们不仅赋予葡萄酒清新爽口的口感，还能促进胃肠蠕动，增强食欲，帮助消化食物，同时有助于维持体内酸碱平衡。

葡萄酒中富含钾、镁、钙、铁、锌、硒等多种矿质元素。其中，钾元素对维持心脏正常功能、调节血压起着重要作用；镁元素是心血管的保护因子，有助于降低心脏病发作风险，还能促进骨骼健康；钙元素是构成骨骼和牙齿的主要成分，对维持骨骼强度和密度至关重要；铁元素参与血红蛋白的合成，对预防缺铁性贫血意义重大；锌元素在人体生长发育、免疫调节、伤口愈合等过程中发挥着关键作用；硒元素作为一种强抗氧化剂，能与维生素E协同作用，有效清除体内自由基，保护细胞免受氧化损伤，降低癌症、心血管疾病等慢性疾病的发生风险。

葡萄酒中含有丰富的氨基酸，如脯氨酸、精氨酸等，它们是构成蛋白质的基本单元，在人体内发挥着多种生理功能，包括促进蛋白质合成、调节免疫系统、维持神经系统正常运作等。适量饮用葡萄酒有助于补充人体所需的部分氨基酸。葡萄酒中还含有维生素C、维生素E、维生素B族（如硫胺素、核黄素、烟酸、维生素B_6、维生素B_{12}、泛酸、叶酸等）等多种维生素。维生素C和维生素E具有强大的抗氧化能力，可保护细胞免受自由基损伤；维生素B族参与人体新陈代谢的多个环节，如维生素B_1有助于消除疲劳、兴奋神经，核黄素能促进细胞氧化还原，烟酸可维持皮肤和神经健康，维生素B_6对蛋白质代谢至关重要，叶酸及维生素B_{12}有利于红细胞再生及血小板生成。

葡萄酒的营养功能与其复杂的成分紧密相关。在适量饮用的情况下，葡萄酒对人体健康有多方面的积极影响。它可以促进血液循环，葡萄酒中的酒精及某些成分有助于降低血小板凝聚性,扩张血管,增强血管弹性,进而改善血液循环,预防血栓形成,对心血管健康有益。葡萄酒具有抗氧化作用,其中丰富的抗氧化物质如酚类化合物、花青素、白藜芦醇等,能够有效抵抗自由基对人体细胞的损害,预防多种疾病,如心血管疾病、癌症和阿尔茨海默病等,同时延缓细胞衰老过程,使皮肤保持年轻健康。

在全球化背景下,中国已成为世界葡萄酒消费大国之一。尽管葡萄酒在当代中国的消费初期带有浪漫主义和时尚的想象性色彩,但随着消费者对葡萄酒认知的不断深入,其蕴含的丰富营养功能以及独特的文化内涵正逐渐被人们重视和喜爱。这一演变过程不仅反映了消费者对健康生活方式的追求,也折射出中国在政治、经济与社会发展进程中消费观念和文化品位的变迁。

参考文献

[1] 刘世松等：《李华葡萄与葡萄酒学术思想研究：传承、创新与科学驱动》，《中外葡萄与葡萄酒》2025年第2期，第1—11页。

[2] 杨绮梦等：《基于SWOT-PEST模型的新疆葡萄酒品牌发展现状及对策分析》，《中国酿造》2025年第2期，第294—298页。

[3] 崔丽等：《区域公用品牌带动特色产业发展的国际比较：动因、模式及成效》，《世界农业》2025年第2期，第5—17页。

[4] 汪超等：《葡萄酒品质提升研究进展》，《食品科学技术学报》2025年第1期，第26—35页。

[5] 白祥、王凯豪：《新疆葡萄酒庄旅游高质量发展策略研究》，《中国酿造》2024年第12期，第276—281页。

[6] 王莎：《"葡萄酒+文旅"融合发展为乡村振兴赋能——以陕西省丹凤县为例》，《中国酿造》2024年第11期，第273—277页。

[7] 宋书玉：《中国酒业与酒业文化发展现状》，《食品科学技术学报》2025年第1期，第17—25页。

[8] 郑国富、朱念：《我国葡萄酒出口贸易发展的困境与对策》，《中国酿造》2024年第7期，第257—262页。

[9] 王佳蕾等：《烟台葡萄酒产业文旅融合发展路径研究》，《中国酿造》2024年第6期，第271—275页。

[10] 丛雁鹏等：《基于地理标志保护的"蓬莱海岸葡萄酒"区域品牌建设》，《中外葡萄与葡萄酒》2024年第3期，第109—113页。

[11] 高洁等：《基于商业查询大数据的宁夏、山东葡萄酒产业发展现状比较研究》，《中国酿造》2024年第4期，第264—269页。

[12] 朱争等:《宁夏葡萄酒产业融合度测定与研判》,《中外葡萄与葡萄酒》2024年第2期,第112—118页。

[13] 冯泽山、杨和财:《地理标志对国内葡萄酒消费动机的唤醒与激励机制的研究》,《中国酿造》2024年第2期,第269—275页。

[14] 唐文龙等:《进口葡萄酒在中国市场的分销渠道演进》,《中外葡萄与葡萄酒》2024年第1期,第100—111页。

[15] 张卫、李强:《宁夏贺兰山东麓葡萄酒品牌策略研究》,《中国酿造》2024年第1期,第267—270页。

[16] 杨和财等:《新旧世界葡萄酒质量表达演变及形成》,《西北农林科技大学学报》(社会科学版)2024年第1期,第152—160页。

[17] 薛萌等:《产业链视角下河北省葡萄产业发展现状、趋势与对策》,《北方园艺》2024年第1期,第135—141页。

[18] 林秀芹、孙智:《我国地理标志法律保护的困境及出路》,《云南师范大学学报》(哲学社会科学版)2020年第1期,第49—61页。

[19] 李华主编:《中国葡萄酒产业发展蓝皮书(2023)》,研究出版社2024年版。

[20] 李华主编:《中国葡萄酒产业发展蓝皮书(2022)》,研究出版社2023年版。

[21] 新浪网:《全球葡萄酒产量创60多年来新低》,https://finance.sina.com.cn/jjxw/2024-06-05/doc-inaxsvtz6818736.shtml。

[22] Oiv网:《2024 WORLD WINE PRODUCTION-OIV FIRST ESTIMATES》,https://www.oiv.int/sites/default/files/documents/OIV_2024_World_Wine_Production_Outlook_1.pdf。

[23] Oiv网:《STATE OF THE WORLD VINE AND WINE SECTOR IN 2023》,https://www.oiv.int/sitcs/dcfault/files/documents/OIV_STATE_OF_THE_WORLD_VINE_AND_WINE_SECTOR_IN_2023_1.pdf。

[24] 张亚峰等:《意大利地理标志促进乡村振兴的经验与启示》,《中国软科学》2019年第12期,第53—61页。

[25] 李雪等:《中法葡萄酒地理标志、质量等级、标签比较研究》,《中国酿造》

2017年第11期，第185—188页。

[26] 杨和财等：《中国葡萄酒法规体系不适用项分析与调适建议》，《食品与发酵工业》2015年第10期，第226—229页。

[27] 国际葡萄与葡萄酒组织（OIV）：《2023年全球葡萄与葡萄酒产业现状》，2024年。https://www.oiv.int/sites/default/files/documents/OIV_STATE_OF_THE_WORLD_VINE_AND_WINE_SECTOR_IN_2023_1.pdf。

[28] 百度智慧数据：《葡萄酒产业数据分析》，https://m11g5d.smartapps.baidu.com/?searchid=17889798080847743910&is_immersed=0&tplname=ins_application_card&srcid=60327&lid=17889798080847743910&_chatExt=%7B%22id%22%3A%2217889798080847743910%22%7D&_chatQuery。

[29] 中国酒业协会：《中国酒业协会2024理事会报告》，2024年。

[30] 中国网：《2024中国葡萄酒产业有待挖掘产区竞争力》，2024年2月7日。http://m.toutiao.com/group/7332690636711690771/?upstream_biz=doubao。

[31] 紫梦贺兰：《宁夏贺兰山东麓葡萄酒产区》，https://mp.weixin.qq.com/s/loZ9u4zqwsEj6x_f2L7ooA。

[32] 周椿雨、徐绍荣：《蓬莱葡萄酒产业链韧性提升》，《中国酿造》2025年第2期，第289—293页。

[33] 筱鹂：《中国正式加入OIV国际葡萄与葡萄酒组织》，《酿酒科技》2024年第12期，第125页。

[34] 倪定清等：《葡萄酒产业新质生产力的内涵解读、理论框架与实施路径》，《中国果树》2024年第12期，第122—129、146页。

[35] 筱鹂：《全球葡萄酒消费量降至60年来新低》，《酿酒科技》2024年第6期，第144页。

[36] 筱鹂：《烟台专项支持葡萄酒产业发展》，《酿酒科技》2024年第5期，第47页。

[37] 胡国良、宋亚琨：《全球葡萄酒贸易网络格局及演变特征》，《投资与合作》2024年第4期，第52—54页。

[38] 筱鹏：《商务部：决定终止对澳大利亚进口葡萄酒征收反倾销税和反补贴税》，《酿酒科技》2024年第4期，第137页。

[39] 赵梅：《河西走廊葡萄酒产业调查：传统产区如何在竞争中突围》，《大众投资指南》2024年第16期，第79—81页。

[40] 赵梅：《传统产区如何在竞争中突围——河西走廊葡萄酒产业调查》，《中国食品工业》2024年第10期，第12—16页。

[41] 赵梅：《传统产区如何在竞争中突围》，《经济日报》2024年5月22日第9版。

[42] 徐黎丽等：《因"果"相连：葡萄沿丝路中国化的亚欧文明互鉴启示》，《西北师大学报》（社会科学版）2024年第3期，第26—34页。

[43] 竹军：《河西走廊酿酒葡萄标准体系建设与探索》，《中国标准化》2023年第18期，第91—94页。

[44] 朱子婷：《基于SWOT分析法的河西走廊葡萄酒产业发展路径选择》，《甘肃农业科技》2022年第8期，第12—17页。

[45] 王亚楠：《农业产业化组织模式对农业生产行为的影响研究》，南京农业大学，2022年。

[46] 王天海：《甘肃ZX葡萄酒营销策略研究》，西安电子科技大学，2020年。

[47] 何春晖：《甘肃河西走廊：有机葡萄酒产区的新飞跃》，《中国食品工业》2020年第6期，第62—63页。

[48] 陈强强等：《葡萄酒产业纵向协作模式农户选择影响因素——以河西走廊葡萄酒产区为例》，《中国农业资源与区划》2019年第10期，第172—181页。

[49] 李利等：《甘肃河西走廊葡萄酒产业发展的思考与建议》，《农业科技与信息》2019年第11期，第57—61页。

[50] 李正祥：《甘肃省武威市葡萄酒产业集群发展对策研究》，武汉轻工大学，2019年。

[51] 陈强强等：《河西走廊葡萄酒产业链整合模式研究》，《生产力研究》2019年第2期，第89—96页。

[52] 韩永奇：《提升新时代区域葡萄酒竞争力情境下的产区个性塑造：现实问题、

竞争背景与路径选择——以甘肃河西走廊葡萄酒产区为例》，《中州大学学报》2018年第4期，第23—29页。

[53] 李爱霞：《西北葡萄酒产业发展的优势、特点及发展路径——以甘肃省相关企业人力资源开发调研为例》，《开发研究》2016年第5期，第20—23页。

[54] 杨沐春：《从有机葡萄酒看河西走廊产区》，《中国酒》2016年第10期，第40—47页。

[55] 柳聪聪等：《基于创新驱动战略的河西葡萄酒产业转型升级研究》，《甘肃科技》2015年第22期，第3—8页。

[56] 胡可璐：《河西走廊葡萄酒产区崛起甘肃酒企"抱团"发展》，《广西质量监督导报》2015年第10期，第44—45页。

[57] 薛婷婷等：《中国酿酒葡萄越冬特性与保护措施研究进展》，《中国农业大学学报》2025年第5期，第83—95页。

[58] 辛怡丽：《向世界展示宁夏葡萄酒的国际范、中国风、宁夏情第四届中国（宁夏）国际葡萄酒文化旅游博览会开幕》，《宁夏画报》2024年第8期，第6—7页。

[59] 辛怡丽：《宁夏发布葡萄酒领域"五新"成果》，《宁夏画报》2024年第8期，第8页。

[60] 丁思瑞等：《基于SWOT分析的宁夏银川会展业发展策略研究》，《商展经济》2024年第15期，第1—4页。

[61] 中国新闻网：《葡萄酒国检中心将推动国内葡萄酒质量标准、检测技术与国际接轨》，https://finance.eastmoney.com/a/202406193108079755.html。

[62] 宋克玉、宋爽：《宁夏贺兰山东麓葡萄酒产业开放发展路径探析》，《中共银川市委党校学报》2024年第2期，第67—75页。

[63] 闫玥等：《宁夏贺兰山东麓酿酒葡萄与葡萄酒产业发展现状及对策》，《安徽农业科学》2024年第1期，第254—255、259页。

[64] 徐刚等：《"六特"产业开辟致富新生活——宁夏回族自治区乡村产业发展综述》，《农村工作通讯》2024年第1期，第11—14页。

[65] 中国学术期刊电子出版社:《"世界葡萄酒之都"宁夏贺兰山东麓葡萄酒产区2023年成绩单》,《中国民族》2023年第12期,第2页。

[66] 李文超等:《贺兰山东麓葡萄酒产品市场等级体系构建方案探讨》,《中国酿造》2020年第3期,第213—216页。

[67] 新疆维吾尔自治区人民政府网:《新疆维吾尔自治区葡萄酒产业"十四五"发展规划》,https://www.xinjiang.gov.cn/xinjiang/zfgbml/202110/29b5efb4e8fe4161ac925216805e9e94.shtml。

[68] 新疆维吾尔自治区农业农村厅:《2022新疆农业统计年鉴》,中国农业出版社2022年版。

[69] 张建生:《中国葡萄酒市场年度发展报告(2013—2014)》,西北农林科技大学出版社2014年版。

[70] 新浪财经:《行业深度:洞察2024中国葡萄酒行业竞争格局及市场份额》,http://finance.sina.cn/2023-12-29/detail-imzzsiyy2986084.d.html。

[71] 微信公众平台:《基于大数据分析北方五省区葡萄酒的研究现状与发展趋势》,http://mp.weixin.qq.com/s?__biz=Mzk2NDEzOTkzMg==&mid=2247483902&idx=1&sn=e31537c46d4a651fabc9943d1c9f3788&scene=0 2025年2月19日。

[72] 国家统计局:《中国统计年鉴》,中国统计出版社2024年版。

[73] 海关总署:《中国海关统计年鉴》,中国海关出版社2024年版。

[74] 中国酒业协会:《中国葡萄酒产业发展报告》,2024年。

[75] 尼尔森公司:《尼尔森零售研究报告》,2024年。

[76] 京东零售:《京东葡萄酒行业消费趋势报告》,2024年。

[77] 企业财报:张裕Λ(000869.SZ)、威龙股份(603779.SH)、中信尼雅(600084.SH)等葡萄酒企业《2024年年报》,2024年。

[78] 徐晓亮等:《中国葡萄酒旅游资源空间分布特征及影响因素研究》,《中国酿造》2025年第3期,第292—298页。

[79] 王英杰等:《数字经济赋能烟台葡萄酒产业现代化的研究》,《中国酿造》

2024年第11期，第268—272页。

[80] 沈晓贺等：《新疆酿酒葡萄生产机械化现状与发展趋势》，《新疆农业科学》2024年第1期，第147—152页。

[81] 赵晓丽：《新疆葡萄酒与文化旅游产业融合发展策略研究》，《中国酿造》2024年第9期，第256—260页。

[82] 张红梅等：《价值共创促进葡萄酒文旅深度融合探究——以贺兰山东麓为例》，《中国酿造》2024年第8期，第286—291页。

[83] 郑国富、朱念：《我国葡萄酒出口贸易发展的困境与对策》，《中国酿造》2024年第7期，第257—262页。

[84] 白祥等：《基于重要性-绩效性分析理论的新疆葡萄酒酒庄旅游产品优化策略》，《中国酿造》2024年第4期，第270—275页。

[85] 开建荣等：《贺兰山东麓子产区马瑟兰葡萄酒产地识别研究》，《食品工业科技》2024年第19期，第278—285页。

[86] 唐文龙等：《进口葡萄酒在中国市场的分销渠道演进》，《中外葡萄与葡萄酒》2024年第1期，第100—111页。

[87] 中华网：《进口与国产拉锯战持续！2025葡萄酒企业应对变局的八大方法》，https://finance.china.com/wine/13004693/20250318/48099663.html。

[88] https://data.stats.gov.cn/easyquery.htm?cn=C01&zb=A0D0H&sj=2024.

[89] https://www.chinabgao.com/freereport/95439.html#.

[90] https://db.cei.cn/jsps/Home.

[91] https://www.putaojiu.com/shangxun/295446.html#.

[92] https://www.chinabaogao.com/data/202402/691742.html.

[93] https://s.askci.com/data/industry/a02090b/.

[94] https://www.gov.cn/gzdt/att/att/site1/20120706/70f3950952e411608e2e01.pdf.

[95] https://www.sohu.com/a/754081670_121124458#.

[96] https://www.jiuzhan.com/6982.html.

[97] http://www.pday.com.cn/Htmls/Report/201106/24511299.html.

[98] http://www.i9r.cn/mobile/art_info.php?id=1261.

[99] https://baijiahao.baidu.com/s?id=1796580111273337925.

[100] https://www.thepaper.cn/newsDetail_forward_26805769.

[101] https://www.163.com/dy/article/J0NJLSKI0518DQUO.html.

[102] https://zhuanlan.zhihu.com/p/18544198536.

[103] https://news.sohu.com/a/865432494_121388108.

[104] https://zhuanlan.zhihu.com/p/18544198536.

[105] https://baijiahao.baidu.com/s?id=1801075037902076413&wfr=spider&for=pc.

[106] https://www.chinairn.com/hyzx/20250320/145634353.shtml.

[107] https://business.sohu.com/a/726115457_554374.

[108] https://baijiahao.baidu.com/s?id=1788842504218276282&wfr=spider&for=pc.

[109] https://baijiahao.baidu.com/s?id=1627067251986801711&wfr=spider&for=pc.

[110] https://baijiahao.baidu.com/s?id=1822089730007805090&wfr=spider&for=pc.

[111] https://baijiahao.baidu.com/s?id=1627067251986801711&wfr=spider&for=pc.

[112] https://baijiahao.baidu.com/s?id=1822089730007805090&wfr=spider&for=pc.

[113] https://mbd.baidu.com/newspage/data/dtlandingsuper?nid=dt_4978525773029318295&sourceFrom=search_a.

[114] https://baijiahao.baidu.com/s?id=1828445391464725278&wfr=spider&for=pc.

[115] https://baijiahao.baidu.com/s?id=1789919315374061323&wfr=spider&for=pc.

[116] https://baijiahao.baidu.com/s?id=1826839054155396487&wfr=spider&for=pc.

[117] https://baijiahao.baidu.com/s?id=1793303972158427907&wfr=spider&for=pc.

[118] https://m.winesinfo.com/NewsDetail.aspx?id=76297.

[119] https://www.sohu.com/a/875567562_120117582#:.

[120] https://mp.weixin.qq.com/s?__biz=MzA5MjQxNDg2NQ==&mid=2650648622&idx=3&sn=bbc623b87c198779a47fcbae0d8c2b2e&chksm=89f0953f55c5b3bbecc9fe50ff5142f78a55b75fa674b0f4d22f6ee51d3ff68ed8b73864c5ab&scene=27.

[121] https://gushitong.baidu.com/stock/ab-000869?mainTab=%E8%B4%A2%E5%8A%A1&sheet=%E5%88%A9%E6%B6%A6%E5%88%86%E9%85%8D%E8%A1%A8.

[122] https://baijiahao.baidu.com/s?id=1808167650668123657&wfr=spider&for=pc.

[123] https://baijiahao.baidu.com/s?id=1794100678091091333&wfr=spider&for=pc.

[124] https://m.winesinfo.com/newsdetail.aspx?id=15524.

[125] http://scjg.nx.gov.cn/zzb/gzdt_67032/202401/t20240125_4429390.html.

[126] https://xueqiu.com/5899108858/320014639?md5__1038=Yq%2BxnDyCKQqGqx05DIYxcCG8ITitKD9Q8oD.

[127] http://www.customs.gov.cn/customs/xwfb34/mtjj35/3049247/index.html.

[128] https://baijiahao.baidu.com/s?id=1827369582533240370&wfr=spider&for=pc.

[129] https://baijiahao.baidu.com/s?id=1809859380740679713&wfr=spider&for=pc.

[130] https://mp.weixin.qq.com/s?__biz=MzA5Njk5NjcwMg==&mid=2651290787&idx=2&sn=ce7634962e8cfefe00d10b1fc19a9dff&chksm=8b544092bc23c9840a93816e6791f42bb73663bea0950bf8fdf5b8e2e4826b18dafb6439a2d0&scene=27.

[131] http://news.cjveg.com/news.aspx?id=4300.

[132] https://baijiahao.baidu.com/s?id=1770483922971064834&wfr=spider&for=pc.

[133] https://news.sohu.com/a/833399929_121503203.

[134] http://www.winechina.com/html/2024/04/202404317193.html.

[135] https://aistudy.baidu.com/okam/pages/article/index?articleId=21545460&ucid=PjbkP1RzP1b&categoryLv1=%E6%95%99%E8%82%B2%E5%9F%B9%E8%AE%AD&ch=54&srcid=10004.

[136] http://www.winechina.com/html/2024/11/202411320184.html.

[137] https://www.jobui.com/salary/quanguo-putaojiuxiaoshou/ind-jiuye/.

[138] https://baijiahao.baidu.com/s?id=1779876201987703349&wfr=spider&for=pc.

[139] https://baijiahao.baidu.com/s?id=1814424630428218176&wfr=spider&for=pc.

[140] https://zhidao.baidu.com/question/1808507837910151227.html.

[141] https://baijiahao.baidu.com/s?id=1759237016841849913&wfr=spider&for=pc.

[142] https://www.gk100.com/read_1469870876.htm.

[143] https://mp.weixin.qq.com/s?__biz=MzUyNjM2OTUyOA==&mid=2247592066&idx=4&sn=a4f90af1a8675b539b928dca4203f6e3&chksm=fbee15ed95b71077b64111003046961cb762f791e5949f1fcd168a0e615

adef36f95123bcf87&scene=27.

[144] https://www.zhihu.com/question/531581678.

[145] https://baijiahao.baidu.com/s?id=1806957676060898524&wfr=spider&for=pc.

[146] https://baijiahao.baidu.com/s?id=1724748205542589332&wfr=spider&for=pc.

[147] https://www.toutiao.com/article/7428403051083366912/?upstream_biz=doubao&source=m_redirect.

[148] https://www.toutiao.com/article/7224616415171609120/?upstream_biz=doubao&source=m_redirect.

[149] https://www.toutiao.com/article/7437419707575894537/?upstream_biz=doubao&source=m_redirect.

[150] http://www.nxzx.gov.cn/zxgz/scdy/scdydsyjwyh/202203/t20220330_526804.html.

[151] https://www.toutiao.com/article/7428403051083366912/?upstream_biz=doubao&source=m_redirect.

[152] https://www.toutiao.com/article/7224616415171609120/?upstream_biz=doubao&source=m_redirect.

[153] https://www.toutiao.com/article/7437419707575894537/?upstream_biz=doubao&source=m_redirect.

[154] http://www.nxzx.gov.cn/zxgz/scdy/scdydsyjwyh/202203/t20220330_526804.html.

后　记

当前，中国葡萄酒市场呈现持续低迷态势，葡萄酒行业正面临近年来极为严峻的挑战时期。依据企查查数据，截至2024年12月9日，处于注销、吊销、清算、停业等异常状态以及其他特殊状态的葡萄酒相关企业数量达772家，相较于2023年全年数据，增加了76家。这一数据清晰且直观地反映出，行业深受宏观经济环境下行压力以及消费者偏好动态转变的双重影响。在此困境之下，整合行业内外智慧，创新制定帮扶策略，重新激发行业内各方主体齐心协力、共克时艰的热情，已然成为推动行业持续发展的当务之急。

2024年10月，第二届中国乡村特色优势产业发展大会之"中国葡萄酒产业发展论坛"成功举办。论坛精心邀请了7位在葡萄酒产业领域具备深厚学术造诣与丰富实践经验的专家学者，围绕产业发展关键议题展开深入研讨，会议议程顺利推进，成果丰硕，赢得了参会各界人士的高度认可与一致赞誉。与此同时，中国葡萄酒馆正式宣告成立，并高效组织了100家葡萄酒企业的产品，参与由中国乡村振兴志愿者促进会主办的农特产品展览活动，以切实行动践行了产业帮扶理念，为行业发展搭建了更为广阔的展示平台与交流渠道。会议结束后，中国乡村发展志愿服务促进会（以下简称 "促进会"）在已成功推出《中国葡萄酒产业蓝皮书（2022）》与《中国葡萄酒产业蓝皮书（2023）》的基础上，加快部署《中国葡萄酒产业发展蓝皮书（2024）》的编写工作，委托西北农林科技大学原副校长、葡萄酒学院原院长李华教授担纲主持了全书的整休策划工作。联系西北农林科技大学葡萄酒学院、西北农林科技大学葡萄酒现代产业学院、国家林业和草原局葡萄与葡萄酒工程技术研究中心、陕西省葡萄与葡萄酒工程技术研究中心、中国食品科学技术学会葡萄酒分会、中国园艺学会葡萄与葡萄酒分会、葡萄与葡萄酒产业国家创新联盟、中国葡萄酒高等教育联盟、烟台张裕集团有限公司，以及常春藤葡萄酒市场研究机构等众多在葡萄酒产业教育、科研、生产及市场研究等单位，紧密携手、协同合作，全力投入中国葡萄酒产业发展2024年度蓝皮书的撰写工作中，旨在为行业发展提供具有权威性、全面性的参考资料，助力行业从业者精准把握产业发展态势，科学制定发展策略。

编写过程中，团队严谨调研。覆盖甘肃、宁夏、新疆、山东等核心产区，探究地理气候对产业的影响及发展模式。组织西北农林科技大学葡萄酒学院开展市场调研，获取1687份有效样本，洞察消费者偏好等信息，感谢安鲁老师、朱琳老师。从烟台张裕葡萄酿酒股份有限公司、威龙葡萄酒股份有限公司、中法合营王朝葡萄酿酒有限公司、中信尼雅葡萄酒股份有限公司、通化葡萄酒股份有限公司、甘肃莫高实业发展股份有限公司、甘肃皇台酒业股份有限公司等7家行业代表性上市公司的2022—2023年度财务报表整理相关数据，分析行业发展态势。编写人员查阅资料、咨询专家、科学分析数据，完成初稿。随后，促进会组织业内知名专家召开初审会与评审会，依据严格的学术规范与行业标准，对初稿进行了全面、细致的评审与把关，历经多次修改与精心雕琢，最终形成了《中国葡萄酒产业发展蓝皮书（2024）》。

本书的结构框架由李华教授严格审定，全书内容亦由其进行统稿完善，以确保全书在内容逻辑、学术观点及行业导向等方面的一致性与连贯性。具体撰写分工明确如下：第一章《中国葡萄酒产业发展概论》由李华、杨和财共同完成，该章节从宏观视角全面梳理中国葡萄酒产业的发展脉络与现状；第二章《中国在世界葡萄酒产业中的地位》由李华独著，通过国际比较分析，精准定位中国葡萄酒产业在全球产业链中的位置；第三章《中国葡萄酒产业发展外部环境》由刘旭、陶永胜、杨和财合作撰写，深入剖析政策、技术、市场等外部环境因素对产业发展的影响；第四章《中国葡萄酒产业发展重点区域》由李华、李记明、张波、卢柯、张军翔、穆海彬、汪蕾、李静、党国芳、阮仕立、高飞、邵学东、李泽福共同完成，该章节对中国重点葡萄酒产区的发展特色、优势与挑战进行了详细阐述；第五章《中国葡萄酒产销渠道分析》由张建生编写，从市场流通角度深入分析葡萄酒产销渠道的现状与发展趋势;第六章《中国葡萄酒产业发展效益评价》由杨和财、林梢合作撰写,深入剖析产业经济效益、社会效益、生态效益;第七章《中国葡萄酒产业发展趋势与对策》由房玉林、王华、丁银霆、王玟迪共同完成,对产业未来发展趋势进行前瞻性预测,并提出有针对性的发展对策建议;新闻大事和葡萄酒营养部分由张建生、杨和财负责整理编写,全面记录年度内行业重大事件、发展动态及葡萄酒营养认知。

在促进会的悉心指导与强力推动下,本书编写工作得以顺利完成。本书由编委会主任刘永富会长审核。在此,我们向参与统筹规划、章节写作以及评审工作的各位专家致以最诚挚的感谢!中国出版集团研究出版社对本书给予了高度重视与大力支持,其工作人员在时间紧迫、任务繁重、质量要求严苛的情况下,为本书的出版发行投入了大量精力,在此一并表示衷心的感谢!此外,我们还要特别感谢所有被本书引用和参考的文献作者,正是你们的前期研究成果为本书的撰写提供了重要的理论支撑与实践参考。

由于编写时间有限,且本书内容涵盖中国葡萄酒产业发展的众多领域,信息量大、涉及面广,书中难免存在有待进一步改进与完善之处。我们真诚欢迎专家学者和广大读者提出宝贵的批评与建议,以便在后续修订工作中不断优化完善,为中国葡萄酒产业发展提供更为优质、精准的参考资料。

本书编写组

2025年5月